# 中国の大盗賊・完全版

高島俊男



講談社現代新書

1746

# はじめに

　昔、中国に「盗賊」というものがいた。いつでもいたし、どこにでもいた。日本のどろぼうとはちょっとちがう。中国の「盗賊」はかならず集団である。これが力をたのんで村や町を襲い、食糧や金や女を奪う。

　へんぴな田舎のほうでコソコソやっているようなのは、めんどうだから当局もほうっておく。ところがそのうちに大きくなって、都市を一つ占拠して居坐ったりすると、なかなか手がつけられなくなる。

　さらに大きくなって、一地方、日本のいくつかの県をあわせたくらいの地域を支配したなんてのは史上いくらでも例がある。しまいには国都を狙い、天下を狙う。実際に天下を取ってしまったというのも、また例にとぼしくないのである。

　もっとも盗賊は中国の特産ではない。英語では「バンディット」という。昔はヨーロッパにも中南米にも東南アジアにもたくさんいた。地中海シチリア島の盗賊などは特に有名だ。

　民衆は、盗賊の被害にあうのはもちろんイヤだけれど、盗賊の話は大好きである。日本の民衆が、ヤクザは好きでないけれど、国定忠治や清水の次郎長の話を聞くのは好きだったのと同じである。

民衆の話に出てくる盗賊は、勇敢で「義」を重んじ、まっすぐで男らしい。中国の『水滸伝』やイギリスの『ロビンフッド物語』などは、そういう民間の盗賊伝説が集大成されたものだ。でも本当の盗賊は、なかなかそんな甘いものじゃない。

中国のある学者が、中国歴史上の二大勢力は「紳士」と「流氓《りゅうぼう》」だ、と言っている。紳士は知識人であり、これが官僚になり政治家になって支配層を占める。流氓とは無職のならず者のことで、これが徒党を組んで盗賊になる。中国の歴史は、この紳士と盗賊とが、対抗したり連合したり、あるいは一方が他方を従属させたりしてきた歴史だ、と言うのである。

この本は、最初にその盗賊のことをやや詳しくのべ、そのあと、特別スケールの大きな盗賊について書いたものである。

なるほど盗賊のがわから歴史を見るのもおもしろいものだ、と思っていただけたら幸いである。

# 目次

はじめに　3

序章　「盗賊」とはどういうものか　9

「山東人民解放団」／クロウの苦労／盗賊に欠かせないインテリ／「盗賊」を定義してみよう／正義・不正義には関係ない／なぜ盗賊が生まれるのか／治安はどうなっているのだ／兵隊とはどういう連中か／盗賊が大きくなる条件／人夫や商人の「情報網」も必要／盗賊王朝／勝てば官軍／「匪」から「官」へ／「盗賊」から「正義の闘争」へ／「農民」とは？／ホンヤクの問題

第一章　元祖盗賊皇帝――陳勝・劉邦　59

盗跖――盗賊説話のはじまり／燕雀いづくんぞ……／旗あげの名演説／昔の仲間／半年天下におわる／名無しのゴンベエ／年齢も不詳／オジサンの旗あげ／ご存じ鴻門の会／冷たいお父さん／儒者の出番／大漢帝国の威儀

第二章　玉座に登った乞食坊主――朱元璋――95

盗賊で身を立てよう／坊主コンプレックス／天下大乱／紅巾軍／人相の悪い志願者／太祖二十四人衆／実力第一、序列は三位／掠奪禁止で人気上昇／首都南京／四人の高級秘書／湖上の決戦／張士誠の敗退／大明帝国／粛清はじまる／そして誰もいなくなった／可愛い子供が四十二人／建文帝はどこへ逃げた？

第三章　人気は抜群われらの闖王《ちんおう》――李自成――135

判官びいき／満洲族の登場／盗賊大発生／流賊とは／延々数十里の車の列／正史の材料は小説だった／アダ名で売りこむ親分たち／伝説の八年間／車箱峡偽降事件／滎陽大会／潼関南原の大会戦／魚腹山の窮迫／城攻めと大砲／洛陽を攻略／闖王は税金をとらないぞ／牛金星と宋献策／李巖と紅娘子／李巖は李自成の分身？／大明帝国の滅亡／山海関の敗戦／呉三桂はなぜ寝返ったのか？／大順皇帝の最期／姚雪垠の批判／三角関係の処理／小説『李自成』の評価

第四章　十字架かついだ落第書生――洪秀全――197
オンリー・イエスタディ／一族の期待を背に／夢のお告げ／エホバの子として／教祖開業／首脳五人組／金田村の旗あげ／李秀成参軍の次第／「長髪賊」／太平天国軍に加わった人たち／「天京」の新宮殿／いっさいの私有財産を認めない／天王と東王のケンカ／天京事変／役に立たない清の正規軍／曾国藩、湘軍をつくる／水軍の重要性／二度の自殺未遂／曾国荃の皮算用／洪秀全の最期／天京掠奪／趙烈文の告発

第五章　これぞキワメツキ最後の盗賊皇帝――毛沢東――255
盗賊皇帝の農民革命／「造反有理」／きみの目の前にいる男を見よ／共産党と国民党／トウガラシが英雄を生む／「政権は鉄砲から取り出す」／井岡山の道／流寇主義はいけない／長征／日本軍が応援した？／知識人狩り／おなじみ後継問題／「既定方針通りにやれ」／「帝国」の素地

あとがき――312
参考文献について――322

# 序　章　「盗賊」とはどういうものか

## 「山東人民解放団」

昔、カール・クロウ、というアメリカのビジネスマンがいた。一九一一年から三六年まで、つまり辛亥《しんがい》革命の年から「支那事変」の直前まで、二十五年ものあいだ中国に住んで広告屋をしていた。欧米の企業が中国に売りこもうとするもの——自動車のように大きいものから石鹸や歯みがきのような小物雑貨にいたるまで——の広告宣伝、今風に言えばPRをするのがこの人の商売であった。

商売をすると、その国のことがよくわかる。クロウは中国で商売をしてさんざん苦労したおかげで（下手なシャレ！）、欧米人とはちがう中国人の習慣や物の考えかたを知ることができ、帰国してから、アメリカの人たちに中国のことを紹介する本を書いた。

最初に書いたのが『四億人のお客さま』（一九三七年）。四億というのは、そのころの中国の人口である。今、中国の人口は十二億とか十三億とか言われているが、当時は四億ということになっていた。統計なんかないから正確かどうかわからないけれども——。わが国でも「僕もゆくから君もゆけ、せまい日本にゃ住みあきた、海のむこうにゃ支那がある、支那にゃ四億《しおく》の民が待つ」なんて、ずいぶんゴウマンな歌がはやったりしていた。

この『四億人のお客さま』がものすごく売れてベストセラーになったので、クロウはそのあともつぎからつぎへと本を書いた。

その一つに、『わが友、中国人』という本がある。この本のなかに、クロウが中国の盗賊と知りあいになったいきさつを書いたくだりがある。おもしろいから、ご紹介申しあげよう。

この盗賊、姓は孫《そん》、名は美瑶《びよう》という女の子のようなきれいな名前である。山東省の富裕な百姓のせがれであった。ところが彼の父親が税金のことで県知事と悶着《もんちゃく》をおこした。県知事は父親の首を斬って財産を没収した。

中国では、昔から今日にいたるまで、いともかんたんに人を死刑にするのである。中国へ旅行して、役所の掲示板などに「誰それを死刑に処す」という布告が貼ってあって、すでに処刑がすんだことを示す赤いチェックが名前の上にピッとついているのを見て、ゾッとした経験をもつ人もすくなくないはずだ。

それから、昔の中国の役人は貧しい農民から苛酷に搾取をした、などと言う人がよくあるが、それはどうもあまりあてにならない。多数の貧しい農民からしぼるというのは、手間がかかるし、手間をかけてしぼったところでもともとカラカラなんだから大した成果はあがらない。役人が狙うのは豊かな農民、豪農である。このほうが能率がいいにきまっている。それも一番いいのは、何か言いがかりをつけて、死刑、財産没収、とやることである。一発でゴッソリ実入りがある。

もちろんそんなことはクロウは書いてないが、ともかくそういう次第で孫《そん》の父親はかんたんに首を斬られてしまった。

孫は家族をひきつれて山中に難を避け、県知事の命を狙った。たちまち七百人の部下が集まり、武器もおいおいそろった。盗賊誕生である（あとで言うように「官以外の武装集団」が盗賊なのだ）。

なんでそんなにたちまち七百人もの人数が集まるのかというと、中国の農村地区にはたいていいつでも、ぶらぶらしている男たちがおおぜいいるのである。耕地は限られていて、人間がそれ以上に生まれると、農業以外に大して仕事はないし、どうしても人間があまってくる。そういう連中を「閑人《かんじん》」とか「閑漢《かんかん》」とか「閑民《かんみん》」とかいう。日本の「ヒマ人」とはちがう。日本の「ヒマ人」は、生活にゆとりのある、年配の、わりあいおとなしい人という感じだが、中国の「閑人」「閑漢」「閑民」は、屈強の、油断のならぬ連中が多いのである。

それから中国では、地方のお役人というのは、その土地といろいろかかわりがあってはまずいというので、かならずよその土地出身の者が任命され、二年か三年くらいでまたほかへ転勤してゆく。土地との結びつきが薄い。だから人々は、地方官に対する敬意はもっていても、親近感はない。これに反して、その土地の地主や豪農に対しては敬意もあれば親近感もある。だから外来の役人と土着の豪農のケンカということになると、豪農のほうにつきやすいのである。

この件についいては昔からいろいろ議論がある。

明王朝の末期というのは、あとで見るように、李自成などの流賊が各地をあらしまわって、とうとう明はほろびてしまったのだが、その際、地方の大小の都市を守るにあたって、地方官はあまり役に立たなかった。土着の豪農が農民を組織して流賊を追っぱらったのはいくらも例がある。それを見た顧炎武《こえんぶ》というえらい学者などは、地方官を世襲にせよと主張している。つまり日本の徳川時代みたいにしたら、地方官（というよりそうなったら領主だ）もまじめに自分の任地を守るだろうし、土地の人々も協力するだろうというわけだ。

それからこれもあとで出てくる太平天国の乱の際も、この乱を鎮圧したのは官軍ではなくて、地方の名望家が私的に組織した郷土軍であった。

まあそんなふうに、農村の人たちというのは概して、その土地その土地の勢力家、名望家に対する信頼、心服というものが強固なのである。

よく、貧しい農民が地主にいじめられて歯ぎしりして血の涙を流して、よし今に見ていろ、地主階級を打ち倒してわれわれ農民の天下を打ち立ててやると深く決意した、などという話があるが、ああいうのはたいていみな、共産党の作り話である。

孫の父親というのは、当時としては進んだ思想を持ち、かつ勇気のある人だったというから、土地の人たちから敬愛せられていたのだろう。それがあっさり首を斬られて、せがれがカタキをとるというので、たちまち七百人もの配下が集まったのである。そこで孫は、自分の軍団に「山東人民解放団」というカッコいい名前をつけた。

## クロウの苦労

彼らの主要な収入源は、金持ちを襲って人質を拉致し身代金を取ることであった。もっともやがてその必要はなくなった。金持ちたちは襲撃される前に、進んで山寨《さんさい》(山賊の巣窟)へ貢ぎ物をとどけるようになったからである。

ここでまた脱線するが、西洋や日本では身代金目当ての誘拐をたくらむ者はたいてい子供を狙う。子供をさらわれた親くらい心配するものはない、というのが西洋人や日本人の考えかたなのである。これに反して中国では爺さんを狙う。親をつれ去られた子くらい心配するものはない、というのが中国人の考えかたなのである。それに子供の親はせいぜい二人だが、爺さんには子や孫や娘婿など心配の仕手《して》がたくさんいるから身代金がそろいやすい。さすがに孝の国ですな。ただし婆さんがさらわれたという話はあまり聞かない。

そんなわけで孫《そん》の「人民解放団」は勢威大いにふるったが、肝腎の県知事は堅固な防壁に守られた県城で警備をかためているから、とても手が出ない。

そこで、一九二三年五月、孫は急行列車を襲撃して、乗客の中国人三百余名、外国人二十五名を山寨へ拉致し、県知事の罷免《ひめん》を要求した。

この外国人二十五名のなかには、上海各界の重要人物が多数含まれていたので、大騒ぎになった。なにしろ外人さんを人質に取っているから軍も手が出せない。

そこで各国は救援団を派遣した。アメリカは苦労人のクロウを（また！）アメリカ赤十字代表として、衣服・食料・医薬品などを持たせて現地へやった。

最寄りの臨城《りんじょう》という駅でおりると、山寨のことはよく知っているという人がすぐ見つかって、荷物をとどける運搬人を世話してやろう、と言う。半信半疑で一部の荷物を託し、人質になっている知人に品目表をつけた手紙を書いて添えた。集まった運搬人を見ると、見るからに山賊みたいな連中なのでますます不安になったが、その連中は翌日の夜明け前には、すべてたしかに受取ったという知人の手紙を持って帰ってきた。

それで安心してあとの荷物も続々と送った。そのたびに運搬人は、人質たちの受取状を持って帰ってくる。毎日三十人から四十人が、六週間にわたって運んだというから、まあずいぶんたくさん送ったものである。

そこでこんどはクロウは、首領の孫美瑶にあてて、人質救出の協力を依頼する手紙を託した。

すぐに返事が来た。まずクロウのヒューマニズム的努力に対して敬意を表し、ついで、自分の部下はみな正直者であるから、人質たちに送られたものを横取りするような不埒《ふらち》な者は決していない、安心せられよ、と太鼓判を押し、極上品のブランディを二本プレゼントしてくれた。それに、こわれた懐中時計が六つ添えられていて、これを時計屋で修理してくれないか、修理代は出すから、とあった。山賊たちは、乗客から召しあげた時計を分配したもののあつかいがわからず、こわしてしまったやつが六人もいたらしい。

クロウは早速時計を修理させ、修理費を立て替えてやって、なおった時計と請求書を山寨へ送ってやった。孫はすぐ修理費を送ってよこしたが、この件ですっかりクロウを信用し、それ以後彼のもとへよこす手紙では、彼のことを「兄貴」と呼ぶようになった。

盗賊やヤクザの仲間では、この「兄貴」というのは、最大級の尊称なのである。

「兄貴」と呼んでくれたからにはたいていのことは聞いてくれるだろうと、クロウはためしに、人質になっている友人を一人、ちょっとこちらへよこしてくれないかと頼んでみた。すると翌日、その友人は救援キャンプまでおりてきて、散髪をし、シャワーをあび、ごちそうを食べ、一晩泊って、上機嫌で山へ帰って行った。これをきっかけに人の行き来がはじまった。

## 盗賊に欠かせないインテリ

孫はクロウのもとへ、秘書を二人と養子を一人、あいさつによこした。秘書はりっぱな身なりをしたインテリであった。養子は十五、六歳の少年で、腰に大きなピストルをつるし、こんど身代金を払わない人質があったら撃たしてもらうのだと得意満面であった。

昔から中国の盗賊は、すこし大きな集団になると、たいてい知識人の秘書をかかえている。昔なら、「読書人・文人を招いて軍師とする」と言う。読書人といっても文人といっても同じことで、要するに幼時から古典の勉強をしてむずかしいコトバやリクツをたくさん知っている連中である。

盗賊もある程度大きくなると、連絡や交渉、あるいは布告など、字を書ける人間、それもりっぱな文章を書ける人間がどうしても必要になってくる。それに、盗賊といっても、文化を重んずる国の盗賊なんだから、強いばかりじゃダメ、礼儀を知らぬとバカにされる。礼儀を心得ているのは文人である。一仕事しようと思えば、「君側《くんそく》の奸《かん》を除く」とか、「人民の塗炭《とたん》の苦しみを救う」とか、「天に代わって道を行う」とかいったふうな、もっともらしい大義名分も必要になってくる。そういうのは、文人は得意中の得意である。「山東人民解放団」なんて名前だって、なかなか学問がなくちゃ出てこない。

そんなこんなで、盗賊にインテリは欠《か》かせないのである。『水滸伝』の呉用《ごよう》とか、あとで出てくる李自成の李巖《りがん》とかは、そういう参謀格のインテリを理想化したものだ。

インテリ自身が首領になることもあって、唐末の黄巣《こうそう》とか、太平天国の洪秀全《こうしゆうぜん》とか、共産党の毛沢東《もうたくとう》とかはそれである。

それから、盗賊の首領は、頭がよくて腕っぷしの強い少年、ないし青年を、養子にして身辺に多数おいてあることが多い。これはヒットラーのSSみたいな親衛隊だが、中国のばあいは血をすすったりして、厳粛な儀式をして父子の契りを結ぶのである。これが首領(義父)の身辺を警護し、危難の際には決死隊として突破口を開き、首領がいかに落ち目になっても最後まで忠誠を守る。

こういう習慣は、唐末五代の武将に始まるようだ。このころの武将は盗賊とあまり差がない。盗賊の強いやつが武将である。五代蜀王朝を建てた王建《おうけん》などは養子が四百人もあった。いずれも命知らずのゴロツキで、李破肋(肋骨破りの李)、郝《かく》牛屎(牛のクソの郝)、陳波斯(ペルシャ野郎の陳)などと、名前からしてタダモノではない。

そういう次第で種々の交渉があって、結局、外国人二十五名の身代金十万ドル、プラス県知事罷免ということで話がまとまった。話がまとまったところで孫はウカツにも、人質を解放した。

それを見て政府は軍隊を出して、身代金を山へ持ってゆくクロウたちを途中でさえぎり、山寨を包囲して孫をつかまえ、容赦なく斬首の刑に処した。県知事は？——無論罷免されなかった。

これが、クロウが知り合った二十世紀の一盗賊の顚末《てんまつ》である。

すべての盗賊がおおむねこういうものだというのではない。盗賊と呼ばれるものは実に幅がひろい。ここではまず、その一つを御紹介したのである。

## 「盗賊」を定義してみよう

中国には、大昔から二十世紀にいたるまで、常に盗賊がいた。国中いたるところ盗賊だらけ、というほど多いこともあれば、それほどでもない時期もあるが、とにかくいつでもいた。

以下、まずその名称について、つぎにその性格や発生原因についてのべよう。

まず名称——

単に「盗」ということが最も多く、単に「賊」ともいう。「寇《こう》」ともいい、清代以後は

「匪《ひ》」ということも多い。どう言っても同じことである。
右の四字を適当に組み合わせて「盗賊」「賊盗」「賊寇」「匪賊」等々ともいう。全部で十二種類の組合せが可能だが、たいていみなＯＫである。
あるいは活動場所や行動様式をあらわす語を上につけた言いかたもいろいろある。

山賊―山に巣窟をかまえる盗賊。
海賊―沿岸地帯や島にいて海で仕事をする盗賊。
水賊―内陸部の川や湖で、舟に乗って荒らしまわる盗賊。
馬賊―騎馬隊形式の盗賊。東北（いわゆる満洲）に多い。
妖賊《ようぞく》―あやしげな民間信仰を核とする盗賊。
教匪―仏教やキリスト教を母体とする盗賊。
流賊、流寇―特定の根拠地を持たず、広範囲に流動する盗賊。
土賊、土匪《どひ》―一定の比較的せまい範囲を縄張りとする盗賊。等々。

このほか、われわれの祖先が「南無八幡大菩薩」の旗を押し立てて海を渡り、中国沿岸を荒した「倭寇《わこう》」なども、もちろん盗賊の一種である。

右のごとくいろんな言いかたがあるが、以下は「盗賊」ということにする。

ただし、日本語の「盗賊」とはだいぶ感じがちがう。日本語の盗賊は、たとえば「夜中に盗賊が侵入して玄関の靴をとられました」と言ったって、おかしいことはない。

中国では、そういう人の目をぬすんでこっそりとチョロまかすようなケチなのは「偸《とう》」と言う。「偸《とう》」と「盗《とう》」と、日本語でよむとあいにく同じになってしまうが、中国語では「偸」はトウ、「盗」はダオ、で全然迫力がちがうのである。「偸」は個人で、「盗」は集団である。「偸」は「コソコソ」であり、「盗」は「堂々」「公然」なのである。

そこでつぎにその性格——

といっても、その性格は実にさまざまなのであるが、基本的要件は、

一、官以外の、
二、武装した、
三、実力で要求を通そうとする、
四、集団

である。

以下この四要件について少々説明すると——

盗賊というのは、実力集団、武装集団であるが、実力集団、武装集団と言ったって、今

の日本の警察や自衛隊にあたるような、中央・地方の政府が組織し運営する武装集団はもちろん盗賊とは言わない。そういう、政府・体制・権力がわ、およびその要員を「官」と言う。

その「官」ではないものをおしなべて「民」というならば、盗賊とは、その「民」のがわで勝手に組織した実力集団である（もちろんその集団の頭目、ないし個々の成員も「盗賊」という）。

## 正義・不正義には関係ない

つぎの「武装」ということ。

いくら人間が集まったって、武装していなければ盗賊ではない。ただし、その武装というのは、何もそれほど大したものでなくてもよい。全員が棒を持っているだけであっても、それで相手を威圧し、あるいは粉砕する意思があれば、りっぱな武装である。

つぎの「実力で要求を通そうとする」。

だいたい大部分の盗賊というのは、腹のへった人間が集まってなるのである。腹がへって食うものがない、やとってくれる所もないし金をくれる人もない。そういう時には、一人ではとても生きてゆけないから、同様の境遇にある者がかたまる。かたまってどうするか、という時に、軟派の行きかたと硬派の行きかたとがある。

軟派は乞食に出る。中国では乞食といえどもたいていは集団である。かせぎをする時はバラバラであっても、ちゃんと組織がある。一か村、あるいは数か村をあげて、統制ある乞食旅行に出る。旅行とはゼイタクなようだが、当地には食うものがないんだからしようがない。

一九六〇年前後の不作の際にも、数百人数千人の乞食集団が整然と通過してゆくのが、各地でよく見られたそうである（ただし外国人のいる所へは行ってはいけないという規則になっていた）。正式のになると、集団の統率者が、出身地共産党委員会発行の「この集団を支障なく通行させてもらいたい」と各地党委に要請する〝パスポート〟を持っていたそうだ。

もっともなかには村の党幹部が強情なやつで、オレの村から乞食を出しちゃ体面にかかわる、というので一人も出さなかったところ、全員餓死してしまったという例もあるそうである。そうなるともっと体面にかかわるから、やっぱり出たいものはおとなしく出してやるほうが無難である。

が、軟派のことはさておき――

硬派のほうは盗賊になるわけだ。

であるからして、実力で通そうとする要求というのは、通常は食糧である。あるいは食糧を買うことのできるカネである。あるいはカネにかえることのできる財物である。これらを持っている人に懇願して、めぐんでもらおうという路線が軟派で、相手の意思に反してもちょうだいしようという路線が硬派なのである。

食糧・カネ・財物を獲得して腹がふくれると、つぎは「女」ということにもなる。いよいよ欲望が膨脹すると、「権力」「天下」などと大それたことになってくることもある。

また、盗賊の種類はさまざまであるから、腹のへった集団ではなく、初めから世直しとか公平とかユートピアの実現とかを目的にしたのもある。

つぎに「集団」。

以上にのべてきたところで、盗賊というのは、とにもかくにも集団なのだ、ということはもう十分おわかりいただけたと思うが、その規模はこれまたさまざまで、十人くらいのごく小さいのから、数万、数十万の大集団まである。

なおここで強調しておかねばならぬのは、正義・不正義は関係ない、ということである。

村を襲って食糧金品を奪い、家に火をつけて女をつれ去るのは無論「盗賊」である。

しかし、徒党を組んで「悪徳役人をやっつけろ」「税金をまけろ」「耕す者に土地を与えろ」などの主張をかかげ、役所を攻撃したりするのもまた「盗賊」なのである。
ではどうして正義の集団まで、「盗」だの「賊」だのと、人聞きの悪い名前で呼ぶのか？

そもそも「正義」とか「悪」とかいう価値は、それを見る人の立場による。そして「盗賊」というのは、「官」のがわから見た呼称なのである。

官より見れば、山賊野盗であろうと、世直し集団であろうと、徒党を組んで不逞《ふてい》をはたらき、現存の秩序をみだす点では少しもちがわない。いや、山賊野盗は百姓を困らすだけで天下の大勢に影響ないが、世直し集団は、体制そのものをひっくりかえそうというのだから、官より見れば、こっちのほうがいっそう悪質である。全然「正義」なんかじゃないわけだ。

そういうわけで、何を主張し、何を目的としているかにはかかわりなく、とにかく武装してみずからの要求を通そうとする集団は、すべて「盗賊」と呼ばれるのである。

## なぜ盗賊が生まれるのか

なぜこういう集団が発生するのか。

第一の原因は貧しさである。それから、不公平である。

しかし、貧しさと不公平のあるところ、かならず盗賊が発生するかというと、そうでもない。

だいたい、人類の歴史、いつの時代だって地球上のどこだって、貧しさと不公平はつきものである。しかしいつでもどこでも盗賊がいるわけではない。

イギリスにホブズボームという学者がいる。この人は、地球規模で盗賊を研究している盗賊専門家である。この人が、こんなふうに言っている。

――盗賊が発生し存在するのは、氏族社会と近代資本主義社会との中間の段階にある農業社会である。農業社会とは、社会が農業（牧畜を含む）に基礎を置き、領主、都市、政府、法律家、銀行家等のうちのいずれか、ないしいくつかが農村を支配し、土地を持つ農民と土地を持たない農業労働者とが被支配層を形作っている社会である。そういう時代のそういう社会なら、たいてい盗賊がいる。なかでも、ペルー、シチリア、ウクライナ、インドネシア、それに中国、などに多い。

そういう農業社会のなかで、農作業にあまり手間や人手を必要としない所とか、強壮な男子に十分な職をあたえることができない所では、農村過剰人口が生ずる。これが盗賊の源泉である。

盗賊にとって理想的な環境とは、各地域の権力が独立していて、言いかえれば相互の連絡がわるくて、A地域で悪事をはたらいてもB地域へ逃げこんでしまえば、AはBに手を出せず、BはAでおこったことは関知しない、というような所である。

経済が発展し、交通・通信が発達し、能率的な行政が行われる近代社会になると、盗賊は消滅する。そこまでゆかなくとも、速くて良好な近代的道路ができただけでも、盗賊はいちじるしく減少する。

——ホブズボームが言うところを要約すると、だいたい右のごとくである。ホブズボームは、主としてヨーロッパや南米を念頭に置いているのであるが、中国の情況にもなかなかよく適合している。

中華民国の政治学者薩孟武《さつもうぶ》は、盗賊発生の原因を、中国の農業の縮小再生産に求めている。

中国は人口が多くて耕地がせまい。——と言うと、中国はあんなに広いじゃないか、とおっしゃるむきがあるかもしれぬ。たしかに国土は広い。しかし可耕地はその十パーセントくらいのもので、そんなに広くはないのである。大勢の人間がせまい耕地をこまかく区切って耕作しているから、農業技術が発達しない。同一耕地で同一規模の生産をくりかえす結果、地力は年々低下し、生産は逓減《ていげん》する。貧窮が普遍化し、農民は土地を捨てて流れ歩く閑民となり、盗賊が発生する。

——これが薩孟武の説明である。ホブズボームの言うところと大差はない。農村地域に、働き場のない、あるいは働いても食えない人間が、不断に、また大量に生じる。これが盗賊発生の根本原因である。

**治安はどうなっているのだ**

盗賊というものの具体的なイメージを思い描くには、黒澤明監督の映画『七人の侍』を思いおこしていただくのがよいと思う。あの映画では、たしかノブシ（野伏、野武士）あるいはノブセリ（野臥）と言っていたと思う。ノブシと言ったって武士ではない。収穫期に村落に来襲する山賊野盗の群れである。あれが最も典型的な、いちばん普通の盗賊である。

あの映画では、困りはてた農民たちが、町へ浪人者をさがしに行って、用心棒にやとうのであった。どうしてそんなことをしなければならぬのかというと、警察がいないからである。治安が悪いどころの段ではなく、治安に責任を持つ官憲というものが、あそこには存在しないのだ。

昔の中国の農村というのもあれと同じである。

対して町のほうは防衛の施設がある。というより、そもそも町（人や家が多数あつまっているところ）というのは、防衛の単位としてできたものなのだ。

ホブズボームも治安の問題に触れていたが、たしかに、盗賊発生の根本原因があったにしても、治安がちゃんとしていれば、集団強盗が白昼堂々大手をふってまかりとおることはない、――すくなくともやりにくいはずだ。

今日、世界のたいがいの国では、軍隊と警察とは別になっている。軍隊は主として外敵の侵攻にそなえ、警察は国内の治安維持を担当する。

しかし昔の中国にはその区別はなく、一様に「兵」という。もちろん、その駐在している場所によって、辺境地帯にいる兵は国防が主になり、内部にいる兵は治安が主になるが、軍隊と警察のようなはっきりした区別はない。

兵の制度は時代によってちがうが、宋代以降、つまりここ千年ほどは、そんなにはちがわない。

その特徴は、都にはかなり強力な兵を置くが、地方にはなるべく兵を置きたがらないということである。これは、唐代に、地方の兵力が強くなりすぎて中央の言うことを聞かなくなり、朝廷が島国みたいになってとうとうほろびたことにかんがみて、以後はだいたい、中央にだけ強い兵をたくさん置くことにしたのである。

そうすると地方に盗賊がはびこりやすいが、それが農村地区で民家を襲って金品を強奪しているくらいなら、朝廷の安否にかかわるほどのことはない。地方に強力な兵を置いて、それが中央の指令に従わなくなり、さらには謀叛《むほん》を企てたりしたら、これは朝廷の命運をおびやかす。朝廷の安全が第一であるから、なるべく中央を強く地方を弱くするのは当然である。

ただし、あまり地方の防備が弱くて税金がスムーズに中央へあがって来ないようではそれも困る。盗賊が大きくなって天下をうかがうようになったりしたらもっと困る。だから、盗賊が県城を攻撃したり占領したりという段階になると、中央の兵が出て行って鎮圧する。

「県城」というコトバが出てきたから、ここで「県」というものについて説明しておこう。

これは、日本にも同じ字を書く「県」というものがあって、しかし中国の県と日本の県とはよほどちがうもの、あるいはむしろ、全然ちがうものであるから、ぜひ注意していただかなくてはならぬ。

二千年以上も前から今日ただいまにいたるまで、中国の地方行政の基本単位は県である。この県というのは、あまり大きくない一つの町《まち》である。日本で言えば、ちょっと前まで全国いたる所に無数にあった何々郡何々町の「町《ちょう》」か、今日の小さな市くらいにあたる。人口はふつう二万から五万くらいのところが多い。県の数は時代によってちがうが、だいたい全国に二千くらいある。

ついでに言うと、今日の中国では、この県の大きいのが昇格して市になる。その際、大きな市ならついでに周辺の県も吸収するから、一つの市のなか（たいていは周辺部）にいくつもの県がある。たとえば北京市には、順義県、懐柔県、密雲県など十くらいの県がある。重慶市には、巴県、大足県、銅梁県など十いくつの県がある。県の中に市がある日本とは反対である（ただし、すべての県がいずれかの市に属するわけではない。そうでない県のほうがずっと多い）。

それでまた昔の話にもどると、県というのは、地方行政の基本単位である一つの小さな町なのであるが、日本とちがうところは、周囲を城壁でとりかこんである点である。幅が数メートル、高さが十数メートルもある、土をつきかためた、部厚い、頑丈な城壁でがっちりとまわりをかこんである。この、城壁にかこまれた町が「県城」である。

もっとも、城壁があればすべて県というわけではない。県よりも小さい「鎮《ちん》」でも、しばしば城壁がある。

中国の「城《じょう》」というのは、このような町の周囲をとりかこむ土の壁のことである。万里の長城、というのは部厚い土の壁がえんえんとつらなっているが、城《じょう》というのはあれなのである。ひいては、城壁にかこまれた町（あるいは都会）のことをも「城《じょう》」という。日本のお城《しろ》とはまったくちがうものである。杜甫の詩の「城春草木深」を「城《しろ》春にして……」とよんで、お城の天守閣に桜の花が映えているようすをイメージしたりしては、全然ちがう。「城春」は「長安の市街に春が来て」ということである。

なんで県のまわりを城壁でかこむのかというと、もちろん防衛のためである。万里の長城というのは、それから思いついて、中国自体を壁でとりかこんでしまおうとしたわけだ。

同じ町でも、うんと大きいのは県より格が上で「州」という。州のなかでも特別に重要な所は「府」と称する。しかし一つの町であることにかわりはない。これらももちろん城壁でかこんである。

それでまた県であるが、県の城壁の周辺一帯が農耕地である。

それはそのはずで、もともとは農耕地があって、そこで農耕をする人たちがそのまん中に城壁でかこんだ町を作って住んだのだから、どうしたって周辺は農耕地である。だから、ずっと昔は、農民は城内に住んでいて、朝城外の農耕地へ仕事に出かけて、夕方には帰ってきた。

ところがだんだん人口がふえてくると、ドーナツ状に外がわを開墾して田畑にする。そうなると、距離が遠くなるから、毎日朝行って夕方帰ってくるのは不便である。あるいは不可能である。だから自分の田畑のある所にすこしづつかたまって家を作って住みつく。これが村落である。

そこで治安の話と結びつくのであるが、昔の中国の軍隊は都の防衛が中心であると上に言った。昔の一番大きな地方行政区は「○○道」とか「○○路」とか、元代以降は「○○省」というが、その大行政区の中心都市（府や州）には、それぞれ都の軍隊の分遣隊みたいなのがいる。県には分遣隊はいないが、県自身のちょっとした兵力がある。政府が治安組織を置き、本気で防衛を考えているのはここまでである。

農村の治安は、たてまえ上は、県の政府が村の有力者に依託して、公的な自警団のようなものを組織することになっているが、あまりちゃんと行われたようではない。かりに専業の自警団員を養うとしたら、その費用を誰が出すかの問題だけでもずいぶんやっかいであろう。

だから、地主や豪農は、自分で自分の一家の防衛を考えることが多い。地主や豪農になると、一家が何十人も何百人もいて、家も大きく敷地も広い。そのまわりに丈夫な土塀を作って、下男兼用心棒みたいな男たちを養って一家を守る。

そんなことのできないふつうの百姓は、むき出しで盗賊の前にさらされているわけで、つまり『七人の侍』の村みたいな状態になる。盗賊が来れば、まあたいがいは間に合わないけれど、県から兵隊が来る。

## 兵隊とはどういう連中か

この兵隊というのが、今の日本の自衛隊や以前の陸軍のようなものを考えるとちょっとちがう。

だいたい昔の中国で政府が兵隊をやとうというのは、一種の治安対策というか、社会保障のような意味がある。農業からあぶれた男たちが閑民になってごろごろしていては物騒だから、兵隊にして飯を食わしてやるのである。兵隊に吸収されなかったのが盗賊になる。材料は同じであって、どちらもゴロツキなのである。

だから、村を盗賊が襲って、立ち去ったあとへ兵隊が来て、あとから来た兵隊のほうがずっと兇暴で、徹底的に掠奪《りゃくだつ》したというようなことは珍しくない。盗賊は百姓が飯のタネだから、ゼロにしてしまってはあとの商売にさしつかえる。兵隊は盗賊が飯のタネだから、盗賊のほうは少しは大切にするが、百姓に容赦する必要はない。百姓は両方にやられて、ふんだりけったりである。

盗賊と兵隊とはなれあいのようなところがある。

天下でも狙おうかという大盗賊は別として、並の盗賊は、兵隊相手に戦争したりはしない。そんなことをしたって少しもトクにはならない。兵隊が来たらさっさと逃げる。隊長に金品を贈ってほかへ行ってもらうこともある。

兵隊のほうは、盗賊を根絶してしまったらオマンマの食いあげである。盗賊がいると、いろいろいいことがある。盗賊を追っかけて、逃げおくれたやつを一人二人つかまえて首を斬って、こいつが首領ですと報告すれば褒賞がもらえる。つかまらなければ百姓の首を使う。これを「首を借りる」といった。また、盗賊が逃げたあとの村で掠奪しても、みんな盗賊のしわざです、と言えば何のこともない。

盗賊のほうも心得たもので、兵隊が追っかけてくると、女を木にくくりつけたり、きれいな着物を道端に置いたりしながら逃げる。兵隊は盗賊よりも着物や女のほうがいいから、拾ったり抱いたりして追っかけるのをやめる。あまり殺伐なことをするよりも、そのほうがお互いのためにいい。

中国では昔から「よい鉄はクギにならぬ、よい人は兵にならぬ」と言う。それも当然で、兵隊というのはそういう連中だったのである。

中国で兵隊の質ということを考えるようになったのは、十九世紀の末、あるいは二十世紀の初め以後のことである。日清戦争で日本に敗けて、日本や欧米の軍隊に注目して、兵隊も字くらいは読めたほうがいいというので字を教えたり、日本や欧米の軍人をやとって訓練してもらったり、日本や欧米の士官学校へ若い軍人の卵を送ったりするようになった。

その日本へ送った軍人の卵が革命思想に目ざめて、帰ってから清王朝をひっくり返してしまったのだから、あとから考えれば、ゴロツキ兵隊のほうが安全であった。

だから中国では、最近まで、兵隊イコールならずもの、という観念が強かった。武士の地位が高かった日本とはまったくちがう。

スメドレーが書いた朱徳《しゅとく》将軍の伝記『偉大なる道』に、ふつうの中国人が兵隊（あるいは軍人）に対して示す反応がよくあらわれている一段があるから紹介しよう。

朱徳は、家族に内緒で成都の高等師範学校の体育科を出て体育の教員になり、ついで雲南軍官学校に入って軍人になるのであるが、まず体育教師になることを告白した時の家族の反応である。

「私の告白の反響は恐ろしいものだった」と朱将軍はいった。「はじめに、打ちのめされたというような、ながい沈黙があった。それから父が、体育とは何か、とたずねた。私が説明すると、父は叫んだ——家中のものが、ひとりの息子に、餓死から救ってもらおうと、十二年間も骨折りはたらいたあげく、わたしは子供らに腕や足をふりまわすことを教えるんだ、と聞かされるのか、苦力《クーリー》でもそんなこたあできる、と叫んで、父は、あっちを向き、家を飛び出して、私がそこにいる間は、帰ってこなかった。その晩、私は母の泣声をききつづけた」（阿部知二訳）

体を動かす体育教師というだけで家の恥である。まして軍人となると――

「これから新軍隊に入りにゆくといった時、みなは私が気がちがったと思った」体育などという野蛮な事柄の教師になったというだけでもただごとでなかったが、世の屑の仲間入りをするとは、彼らに我慢できることではなかった。彼らは、それでもはじめは優しくしようと努力して、しばらく家にいて頭を休めたらどうか、とねんごろにすすめた。というのは、みなは、彼はあまりに本を読みすぎて気が変になっているのだ、と信じたからだった。しかし、彼が、これはまったくの正気でいっていることで、中国を満州人と外夷との制圧から解放するために生命をささげるのだ、と確言した時「反応は、恐ろしかった。恐ろしかった！」これは、養父に取ってすら、最後のとどめだった。朱が成都に立ち向った時、別れを告げに出てくるものもなかった。彼は、あらゆる扉と胸とから締め出された追放者として、家を出た。

中国人の「武」ないしは「軍」「兵」に対する軽蔑、嫌悪がよくわかる。規律ある軍隊が生れはじめていた二十世紀にいたってもこうである。兵や、まして盗賊は、人間以下のケダモノのなるものであり、人々に災いのみをもたらすおそろしい存在だったのである。

## 盗賊が大きくなる条件

中国の盗賊は農村の貧窮によって生れ、治安の不備によって存続する。

そういう盗賊が、何かのひょうしに突然大きくなることがある。

何かのひょうしというのは種々さまざまであるが、外的要因と内的要因に大別することができるだろう。

外的要因というのは、飢饉、天災、周辺民族や外国との戦争、朝廷の財政の膨脹、特に王朝末期の秩序の弛緩《しかん》や社会不安などである。そういう際には盗賊がそれこそ雨後のタケノコのようにあちこちに出てくる。しかし、そのどれもこれもが何万何十万にふくれあがるわけではない。盗賊の規模が壮大になるには、内的要因も必要である。

だいたい次のような条件を一つ、ないしいくつかそなえた盗賊が強大化するようである。

第一は、宗教的・神格的よりどころがあることである。これが団結の核にもなり、一人一人の勇気の源にもなる。

歴史上著名な盗賊は、たいていこの条件をそなえている。既成宗教（多くは仏教）でかたまっているか、新興宗教の生き神さまを中心にしているかである。

宗教色の強い盗賊を「妖賊」とか「教匪」とかいう。

中国盗賊史上、最もひんぱんに登場するのは、仏教の一派である弥勒《みろく》教・白蓮《びやくれん》教である。弥勒教と白蓮教との関係、相違、などと言い出すと大変ややこしいことになるが、簡単に言ってしまえば、南北朝時代から民間で流行していた弥勒教が、元代ごろから他の要素をとりこんで白蓮教になったのだ、と思っておけばよい。いずれも、天下大乱ののちに弥勒仏《みろくぶつ》が現われて理想世界を作る、と説く。元王朝を倒した「紅巾賊《こうきんぞく》」は弥勒教・白蓮教がごっちゃになったものである。

そのほかには、後漢末「黄巾賊《こうきんぞく》」の太平道（道教の一派）、十九世紀「太平天国」またの名「長髪賊」のキリスト教などが特に著名である。

共産党のマルクス主義も、宗教ではないが、集団の宗教的よりどころであった点でこれに類するものと言ってよい。やはり大乱のあとの理想世界の出現を約束し、その教義は批判・検討を許さぬものであった。実際共産党は、マルクス主義を「信仰」せよと常に呼びかけていた。

盗賊が大きくなる条件の第二は、不平知識人の参加である。

不平知識人の「不平」というのは二つ意味がある。

一つは、才幹・能力があるのに正当に評価されず、能力に見合った地位が得られないという個人的不平である。昔の中国では、知識人は科挙《かきょ》という官吏登用試験によって評価され登用されるが、この科挙が人の資質や能力を正当に評価し得るものでないことは常識であった。そして科挙は受かる者より落ちる者のほうがずっと多い。落ちた者は自分が愚かだから落ちたとは思わず、「不遇」（真価が認められず、正当に処遇せられない）と信じて不平を抱く。不平知識人は政府批判の理窟をこねたりして危険であるから、歴代の朝廷も「野《や》に遺賢なからしめん」などと称していろいろ救済・吸収策を講じるが、やはり不平知識人、ないし不遇知識人はごろごろしている。

もう一つは、社会の不公平・不合理に対しての、正義感よりする不平不満である。昔の中国の知識人は、幼時より儒家の学問をやる。儒家の学問というのはタテマエばかりで出来ているから、公正とか良心とか、人民の生活を重んずるとかいうことは、十分に説かれている。いい家に生れて育った坊っちゃんが、幼い頭脳にそういうことを叩きこまれるのであるから、ずいぶん心のまっすぐな、正義感の強い人が多い。若いうちは特にそうである。これが社会の不合理に対して「許せない！」という憤りを持つ。これも不平知識人である。

中国の共産党が作った歴史の本などを見ると、支配階級に属する人間は心まで腐りはてて人民を搾取することしか考えず、搾取される人民は社会の不正に憤って立ちあがる、などと、いとも簡単に書いてあるが、ことはそんなに単純ではない。

政治や社会の不公正・不合理が見えるには、自己の中に公正で合理的なしくみのイメージがおぼろげながらでもなければダメで、それには知的な基礎や訓練が要る。白蓮教に入って、今の世の中まちがっている、今に弥勒様が現われて衆生を救済する、と教えられるのも知的訓練だが、子供のころから論語孟子できたえたやつのほうが強い。「世の中まちがっている！」と言い出すのは、たいていいつでも知識人である。

不平知識人が、イチかバチか、半分ヤケクソで入るにせよ、正義感に燃えて入るにせよ、とにかく盗賊集団に参加することがある。やっぱり知識人と盗賊とでは格がちがうから、ふつうは盗賊のほうが辞を低うして招き、知識人は身を屈して入るのである。そして「軍師」と呼ばれて、戦略策定、スローガン、渉外、文書事務などを担当する。そうすると盗賊も高級になり、機能化するのである。

## 人夫や商人の「情報網」も必要

盗賊が大きく強くなる条件の第三として、運輸人夫、行商人、塩密売者などの加入があげられる。

昔の中国は、交通・通信が発達していたとは言いがたいが、物資は、多量に、かつ広範囲に動いていた。というのが、だいたいいつでも、権力の中心は中国の北部にある。唐・宋のころは黄河流域の長安、洛陽、開封などであり、元・明・清は北京である。この一帯を「北方」という。それに対して生産の中心は長江下流域にある。これを「南方」という。つまり北方は消費地区、南方は生産地区である。だから南方で出来た食糧や物資がどんどん北方に送られて消費されることによって中国全体が生きている、という形になっている。つまりモノがタテに動いている。

どこを動いているのかというと、最も主要なのは北方の黄河と南方の長江を南北に結ぶ大運河である。ほかに海路もあるが、やはり運河が主である。

それから東西の動き、つまりヨコの動きもある。沿岸の物資が内陸へ、内陸の物資が沿岸へ運ばれる。生活必需物資である塩などはこれである。「南船北馬」というように、北方では陸路、南方では水路によって運ばれることが多い。

このように、物が大量に、広範囲に動いているから、それにたずさわっている運送人夫や商人も多い。こういう人たちは、どこに穀倉地帯があるか、どこに物資の集散地があるか、どこに戦略重要都市があるか、どこに官兵が駐屯しているか、それらのあいだに道路や河川がどう通じているか、などについての豊富で正確な知識を持っているだけでなく、人のつながりを持っている。いたる所に同業の仲間がいて、組織の網の目を作っている。情報網、連絡網であり、互助組織でもある。またこういう人たちには、一種の気風がある。仲間の信頼を何よりも重んずる「義」あるいは「俠《きょう》」の気風である。

こういう連中が参加してくると盗賊も視野が開けて、広い範囲で活動できる。百姓あがりばかりでは「土匪」に甘んじているほかない。

つまり、盗賊集団にとって、宗教・信仰は心であり、知識人は頭脳であり、運送人夫・商人は耳と目である。圧倒的多数を占める農村のアブレ者が手足になる。

こうした条件がそろうと、数千、数万、あるいは数十万の衆を擁する盗賊が、熱情を持ち、目標を持ち、効果的に動けるようになる。

そうなってくると、逆に県や州を攻撃して官吏を殺し、一地方を支配し、ついには天下を狙うという野望をいだくにいたる。

## 盗賊王朝

中国の歴史上、盗賊が一時期、一地方を支配したということはしばしばある。一地方といっても大小さまざまだが、日本の一地方（東北地方とか関東地方とか）ないし日本全土くらいの広さを支配したというのは、そう珍しくない。

たとえば宋代の三大盗賊というのがあるが、その最初の、北宋時代の「王小波《おうしょうは》・李順《りじゅん》」、つまり王小波という男が頭目で、この男が死んだあとその女房の弟の李順があとをついだ盗賊は、ほぼ四川《しせん》全域を支配している。広さからいえば日本の本州全部くらいはある。

つぎの北宋末の「方臘《ほうろう》」、つまり方臘という男を頭目とする盗賊は、今の浙江《せっこう》省の西半分と安徽《あんき》省の一部を支配している。日本の東北六県をあわせたくらいにあたる。

つぎの南宋の「鍾相《しょうしょう》・楊幺《ようよう》」、最初の頭目が鍾相で、こいつが死んだあと第一子分の楊幺（「幺《よう》」というのは名前ではなくて「小さい」「若い」の意）があとをついだ盗賊は、湖南の北半分から湖北、四川にかけてを支配した。日本の半分くらいの広さである。

もっとも実際には、単なる広さはあまり問題ではなく、重要都市、つまり府や州をどれだけ抑えたかが問題なのである。山や荒地をいくら支配してみたって何にもならない。これは盗賊にかぎらず何の戦《いくさ》の時でも同じである。しかしともかく、ずいぶん広い範囲を盗賊がとってしまうということがよくあったのである。

中国共産党が、一九三〇年代に、江西省の瑞金《ずいきん》を中心に「中華ソヴェト」政権を建て、ここを追い出されたあと西北へ逃げて延安を中心に「解放区」政権を建てたりしたのも、こうした伝統を受けたものである。

そういうことが可能なのは、国土が広く、交通が未発達で、それだけに一地方だけでもある程度独立して自給自足でやってゆけるからである。もっとも「中華ソヴェト」などは、塩が入ってこなくなって、ずいぶん往生している。

なお、右の「王小波・李順」や「方臘」などに見るごとく、盗賊集団は頭目の名前をもって呼ばれる。「方臘」なら、方臘というのが頭目個人の名前でもあり、集団の名称でもある。

というのが、盗賊には正規の名称などないのがふつうである。「太平天国」とか「山東人民解放団」とかいうカッコいい名前をつけたのは例外である。しかし何か呼びかたがないと不便だから、頭目の名前で呼ぶのである。

中国共産党の軍隊などは、「工農紅軍」（労働者と農民の赤い軍隊）という立派な名前を自分では名乗っていたが、一般の人々はやはり、「毛沢東」とか「朱毛」とか、頭目の名前で呼んでいた。

「朱毛」の「朱」は朱徳である。だから「朱毛」は「朱徳・毛沢東」ということなのであるが、中国語で「朱毛」は「チューマオ」とよむ。「チューマオ」とは「豚の毛」ということである。中国の豚は日本の豚のように白い大きなやつではなくて、むしろ日本のイノシシに似た体型で、全身に真黒い毛がゴワゴワと生えている。だから一般の中国人は、「チューマオ」を二人の名前をつないだものとは思わず、体ぢゅうに真黒い毛がゴワゴワと生えたおそろしい盗賊と思っていたそうである。

そういうふうに集団のことを個人の名前で呼ぶ。それで一昔前の中国の人は「毛沢東が来た」というとふるえあがったのだが、それは毛沢東本人がスタスタやって来たということではなくて、共産軍が怒濤のごとくやってくるということなのである。それで、毛沢東がくると、金持ちや土地持ちはみんな殺されるそうだとか、女はみんな共有財産になるそうなとか言ってふるえあがったのである。

閑話休題。

そんなふうに一地方を支配することはよくある。とうとう都を攻略して天下を取ってしまうこともある。せっかく天下を取ったけれどすぐ負けてしまったのが、唐末の黄巣や明末の李自成などである。そのまま長続きしたのが漢と明で、漢は四百年、明は三百年ちかくつづいた。漢の初代皇帝劉邦《りゅうほう》はヤクザあがりの盗賊、明の初代皇帝朱元璋《しゅげんしょう》は乞食坊主あがりの盗賊である。

盗賊が王朝を建てたことを宣言する際には、

一、首領が王位もしくは皇位につき、

二、国号（国家の名称）をつけ、

三、元号（年号）を建て、

四、独自の暦（「正朔《せいさく》」という）を作り、

五、文武百官を任命して政府を組織する。

これは別に、都をおとして天下を取った盗賊だけがやることではない。ある程度の地域を支配したら王朝を建てる。もちろんおいおいは天下を取るつもりなのであるが、とりあえず現王朝に対抗する政権を打ち立てたことを宣言するわけである。もっとも暦を作ったり文武百官を任命したりするのはやや面倒だからあとまわしになることもあるが、首領が皇位について、国号をつけて元号を建てるのは簡単だから、わりあい気軽にこれをやる。

## 勝てば官軍

たとえば上にあげた宋代三大盗賊のうち李順は、蜀（今の四川省）の最大都市成都を取った時に、「大蜀」という国を建て、李順は「大蜀王」と名乗り、「応運」という元号を建て、文官最高位の中書令《ちゅうしょれい》、武官最高位の枢密使《すうみつし》以下の百官を任命している。

そのつぎの方臘は、国号を建てたのかどうかはよくわからないが、みずから「聖公」と名乗り、「永楽」という元号を建て、文武百官を任命している。

そのつぎの鍾相は、国号「楚」、鍾相は「楚王」、元号は「天載」である。

ただし、みずから王朝を建てることと、歴史的に王朝と認められることとは、もちろん話が別である。

たとえば元末の朱元璋は、盗賊の首領として、元王朝を倒して「大明帝国」を建て、皇帝を名乗った。これはもちろん歴史的に認められている。

ところがその三百年後、同じく盗賊の首領たる李自成が、同じように明王朝を倒して「大順《だいじゅん》帝国」を建て、皇帝を名乗ったのに、このほうは歴史的に認められない。盗賊がナマイキにも勝手に帝号を称した、というあつかいである。

どこがちがうのかというと、明はそのあと長続きしたのに、順はすぐにほろびたからなのである。

歴史的に認められる王朝かそうでないかを、いったい誰がきめるのかというと、それは「正史」がきめるのである。

正史というのは、それぞれの王朝が前代の歴史について作る官撰の史書である。官撰というのは、朝廷ないし中央政府（同じことだ）の著作ということである。

これは千数百年来のならわしなのであって、ある程度安定した王朝ができると、朝廷が学者をおおぜい集めて前代の歴史を編纂する。そうやってできた歴史書を「正史」と呼ぶ。『宋史』『遼史』『金史』『元史』『明史』などの類である。

「正史」というと、信頼できる正しい事実が書いてある歴史書かと思って、正史に書いてあるからまちがいないみたいに言う人があるが、そうではない。正史の「正」は「政府著作」ということであって「正確」ということではない。正史にだって不正確なことはいくらでも書いてある。

その正史の「本紀《ほんぎ》」という部分にのせられると、歴史的に認められた王朝（あるいは皇帝）ということになる。それ以外はすべて「僭称《せんしょう》」ということになるのである。

ではどういう王朝が本紀にのせてもらえるのかというと、前王朝の譲りを受けた王朝、もしくは強くて長続きした王朝である。

前王朝の譲りを受けることを「禅譲《ぜんじょう》」という。別に禅宗の儀式をやって譲るわけじゃない。「禅」は「つたえる」という意味である。この「禅譲」は上品な方式であるということになっている。三国の魏が、大漢帝国最後の皇帝である献帝の譲りを受けて国を建てたことはどなたもごぞんじだろう。

暴力で取ってしまうのを「放伐《ほうばつ》」という。これは乱暴な方式ということになっている。誰が暴力で国を取るのか。

一つはその王朝の有力な武将である。唐や宋はこれでできた。魏も実質はこれなのだが、「譲りを受けた」という上品な形式をととのえたのである。

一つは異民族である。元や清は異民族が侵入して建てた国だ。

そしてもう一つが、盗賊なのである。

禅譲でも放伐でも、新しい王朝が出来るのを「革命」という。革命というと、なんか新しいコトバみたいに思っている人もあるが、二千何百年も前からある。そして中国人は、いつでも、「革命」というと興奮するのである。だから盗賊もしきりに「革命」「革命」と呼号する。

暴力方式で建てた王朝のうち、強くて長続きしたのが正史の本紀にのせられ、弱くてすぐほろんだのは賊のあつかいになるのであるから、要するに簡単に言えば、「勝てば官軍、負ければ賊軍」ということなのである。

## 「匪」から「官」へ

中華人民共和国は、中国の歴史上、漢、明、につづく強力な盗賊王朝である。

もちろん、中華人民共和国を建てた中国共産党は、最初から政権奪取を目的とした集団であり、したがってその政権奪取前の活動も過去の盗賊とはことなる点が多々あり、また現に王朝とは称していないけれども、しかし共産党の革命は、これを中国歴史のなかにおいて見るならば、朱元璋や李自成と同じように、一つの盗賊集団が漸次壮大になってついに政権を奪取する過程と見たほうが理解しやすい。そのほうが、プロレタリア階級の革命と見るよりもずっと話が合うのである。

たとえば、中国共産党の軍隊は、毛沢東の戦略方針にもとづいて、省境地帯の山の中や農村地区に根城を作り、官軍に追っかけられると各地を流動しながら作戦し、十分に勢力をたくわえた上で最後に都市を襲撃して奪取するという方式をとっている。これは歴史上の盗賊がとったやりかたなのである。プロレタリアートの革命ならば、プロレタリアートというのは都市に大量に発生するものだから、まず都市——すなわち国家の心臓部——で蜂起せねばならぬはずである。しかし、だいたい中国には、プロレタリアートの革命が起るような条件は全然なかったのだ。

だから、一九二七年に毛沢東が作った中国共産党の軍隊は、中国歴史上の、盗賊の流れの上に位置づけられるべきものなのである。それは、マルクス主義を信仰し、不平知識人が指導し、貧しい農民の味方を標榜する、一大盗賊集団であった。

であるから、当然、政権を取るまでは盗賊としてあつかわれていたのであって、「共匪」「紅匪」「毛匪」「毛沢東」「朱毛」などと呼ばれていた。

その「毛匪」が天下をとって「官」になると、いままで「官」だった国民党は「蔣匪」に格下げになる。そして、正しい共産党が悪い国民党と戦ってこれを打ち倒したプロセスとしての「歴史」が作られる。それが圧倒的な物量でくりかえしくりかえし国民の頭に注入される。

だから、中国人はもちろん日本人でも、共産党が国民党に勝ったのは正義が不正に勝ったのであり、人民の味方が人民の敵に勝ったのであり、したがって必然的な歴史の進歩なのだと、いまだに思っている人がいる。

実は、過去に何十ぺんもくりかえしてきたのと同じく、一つの集団が在来の権力を打ち倒して取ってかわり、新しい顔ぶれが権力の座についたというにすぎないのである。

## 「盗賊」から「正義の闘争」へ

毛沢東は、一九三九年、党員教育のための教科書として作った『中国革命と中国共産党』のなかで、つぎのようにのべている。

地主階級の残酷な経済搾取と政治圧迫に追いつめられた農民は、しばしば起義に立ちあがって地主階級の統治に反抗した。秦の陳勝・呉広・項羽・劉邦からはじまり、漢の新市・平林・赤眉《せきび》・銅馬および黄巾《こうきん》、隋の李密・竇建徳《とうけんとく》、唐の王仙芝《おうせんし》・黄巣《こうそう》、宋の宋江・方臘、元の朱元璋、明の李自成を経て清の太平天国にいたる大小数百回の起義は、すべて農民の反抗運動であり、農民の革命戦争であった。中国歴史上の農民起義と農民戦争の規模の大なることは、世界の歴史上まれに見るものである。中国の封建社会にあっては、こうした農民の階級闘争、農民の起義、農民の戦争のみが、歴史発展の真の動力であった。

毛沢東がここであげている陳勝・呉広以下太平天国にいたるまでは、すべて従前の中国においては「盗賊」と呼ばれてきたものである。それを毛沢東は「農民の起義」「農民の革命戦争」と言った。

これを受けて、一九四九年中華人民共和国建国後の中国では、「盗賊」という名称をいっさい廃して、右にあげられているものに限らず、歴史上のすべての盗賊を「農民起義」と呼ぶこととなった。

「起義」とは、「正義の武装蜂起」「正義の武力闘争」の意味である。だから、歴史上の盗賊は全部、正義の行い、ということになったわけだ。

これはずいぶん乱暴な改称である。

まず、盗賊は全部正義だ、というのが無茶だ。

もちろん史上の盗賊のなかには、太平天国のように、地上に神の天国を作るのだ、と少なくともスローガンだけは正義のスローガンをかかげたのもある。しかし圧倒的多数は山賊野盗の群《むれ》であり、これらが百姓良民に害をなしたことは、史上無数の明証がある。

かといって、数百数千の盗賊について、どれは正義、どれは不正義と線引きするのは困難、いや不可能である。どんな立派なスローガンをとなえた盗賊だって実際には掠奪、放火、殺戮をやっているのだから、厳密にやっていれば正義の盗賊なんて一つも残らなくなってしまう。だから十把ひとからげに、正義、ということにしてしまったのである。

## 「農民」とは？

つぎに「農民起義」の「農民」というのもおかしい。

たしかに、盗賊の大多数は農村地区から出ているであろう。中国では全人口の八割以上が農村地区に住んでいるのだから当然そうなる。

しかし、農村地区の人間イコール農民ではない。盗賊になるのは農村のあぶれ者、食いつめ者であって、決してふつうの農民ではない。そして盗賊に加われば盗賊が仕事なのだから、いよいよもって農民ではない。

また盗賊は、別段農民の利益を代表しているわけではない。それどころか盗賊というのは田畑を荒したり作物を奪ったり婦女子をつれ去ったりして農民を苦しめるものである。大盗賊のなかには「耕作する者にひとしく田を」というスローガンをかかげた者もたしかにいる。しかしスローガンだけでは何ら農民に益するところはないし、それに実は、「耕作する者にひとしく田を」の政策を最も熱心に提唱し実施を試みたのは、歴代の皇帝・大臣・官僚であった。だからといって「歴代の皇帝・大臣・官僚は農民の利益を代表していた」とは誰も言うまい。

すなわち、出身の点でも利益代表の上でも、盗賊を「農民」と呼ぶのは全然実態に合わない。

もっとも実を言えば、この「農民起義」の「農民」は、歴史上の盗賊を観察して出てきたものではなくて、リクツから割り出されたものなのである。

マルクス主義によると、人類の歴史というものは、地球上のどこであろうとすべて、原始共産制・奴隷制・封建制・資本主義・社会主義の各段階を、この順で洩れなく踏んで発展する。これを中国の歴史に当てはめてみると、紀元前五百年くらいから二十世紀初めまでの二千五百年ほどが封建制の段階にあたる。つまりふつうに言う中国の歴史は、そのほとんど全部が封建制の時代に入ってしまう。マルクス主義の理論によれば封建制の時代の被支配階級は農民である。いずれの段階であれ正義の闘争をするのは被支配階級にきまっているから、封建制の時代に正義の闘争をしたのは農民である。——とこういうリクツなのである。

「農民起義」が「歴史発展の動力である」というのも疑問がある。「発展」というのは、これまでとは異なる段階へ進む、ということであるはずだ。盗賊は、小さいのは村を荒し、大きいのは都市を占領し、特大のは天下を取るが、別に歴史を発展させた形跡はない。同じようなことを二千年にわたってくりかえしてきただけである。

## ホンヤクの問題

なお、中国で言う「農民起義」を、わが国で「農民一揆」と訳す人があるが、それはおかしい。「農民起義」と「農民一揆」とは全然別のものである。農民一揆とは、現に農業に従事する人たちが、年貢の軽減など短期の要求をかかげて一時的に徒党を組んで武装するものであり、目的を達すればまた農耕にもどる。「農民起義」すなわち盗賊は、恒常的・職業的武装集団である。

「民衆叛乱」「農民叛乱」と訳す人もあるが、あまり適当とは思われない。「叛乱」とは権力に対する反抗・挑戦の意であろう。しかし圧倒的多数の盗賊は決して権力と対抗しようとするものではない。弱者を狙って襲撃し、権力との無用の衝突は極力これを避ける。特別大規模な盗賊は権力に挑戦するが、それくらいになるともう立派なプロの軍団であって、ふつうの日本人が考える「民衆」だの「農民」だのの域をはるかに越えている。「民間武装」と訳した人もある。政府・権力以外の武器を持った集団、という意味なのだろうが、こんな日本語はないだろうと思う。それともこの人は、長ドスを差した昔のヤクザやピストルを持った現代の暴力団を「民間武装」と言うのだろうか。

そもそも、中国で「農民起義」と言い出したから、かならずそれに見合う日本語を考えねばならぬという追随的な姿勢がおかしいのである。

これは、中国の「盗賊」にあたるような概念が日本にないのだからしかたがない。そのまま「盗賊」という語を用いるゆえんである。

# 第一章　元祖盗賊皇帝

## ——陳勝・劉邦

## 盗跖——盗賊説話のはじまり

中国における盗賊の元祖は盗跖《とうせき》という男だということになっている。この名前は『孟子』『荀子』『荘子』『韓非子』などいろんな本に見える。ただし、多くはただ、悪人のたとえとして名前が出てくるだけである。詳しいのは『荘子』で、ちゃんと「盗跖」という篇がある。

この『荘子』盗跖篇は、まず、盗跖は孔子の友人であった柳下恵という人の弟で「九千人の手下をひきいて天下に横行し、家に押し入って牛馬や婦女を強奪し、万民がこれに苦しんでいる」というような簡単な人物紹介があり、孔子が「ひとつその男を改心させてやろう」と会いに行ったところ、盗跖はずいぶん弁舌の才のある男で孔子を前にして大演説をぶち、孔子は一言もなくすごすごと引きさがったということが書いてある。「盗跖」篇の内容はすべてその大演説である。

これはもちろん『荘子』お得意の寓話であって、これを事実と思う人は誰もいない——いや、いなかった。

だいたい盗跖というのは、いつの時代の人かもわからんのである。『史記』の「伯夷列伝」に「盗跖は毎日人を殺し、その肝臓を好んで食い、悪逆非道のかぎりをつくしたのに、天寿をまっとうした」という記述があり、唐の張守節という人がそれに注をつけて、「盗跖というのは黄帝時代の大盗の名である」と言っている。とすると、とんでもない大昔、というより架空の時代の人ということになる。

盗跖の「跖」は名前ではなくて「碩」と同じく「大きい」という意味、したがって「盗跖」というのはもともとは「盗賊の大親分」という意味の普通名詞だ、という人もある。

そんなわけで実在の人かどうかもわからんのであるが、中国の戦国時代のころには、ちょうどわが国の熊坂長範や石川五右衛門のような伝説的盗賊で、「盗跖」というのが大悪人の代名詞みたいになっていたのだろう。

こんにちの中国ではもちろん実在の英雄ということになっている。人名辞典にものっているし、伝記が出たこともある。遺跡ものこっているのだそうである。ただし「盗跖」とは言わない。「柳下跖」もしくは単に「跖」という。現政府の遠祖の名前に「盗」などという不穏な字がつくのはおそれ多いからである。

時代は孔子と同時期とし、事蹟は『荘子』や『史記』から適当に取り集めてある。ただし人の肝臓を好んだの押入り強盗を働いたのというのは、支配階級の歴史家が人民の英雄にあらぬ濡れぎぬを着せたものとして否定する。「万民が苦しんだ」というのは「万民に愛された」とちょっと言いかえてある。

盗跖こと柳下跖の活躍も「起義」は「起義」だが、「農民起義」ではなく「奴隷起義」である。というのは、マルクス主義の分類によると孔子の時代（春秋末期）というのは奴隷制社会ということになるので、ならば人民は奴隷であり、したがって盗跖すなわち柳下跖は奴隷起義の指導者ということになるのである。そして、鎖を投げすてた九千人の奴隷をひきいて各地に奴隷主貴族階級を打ち破り、一方孔子を相手に大いに理論闘争をやって顔色なからしめた、と書いてある。

いずれにしても、盗跖は、中国盗賊史上の神話段階である。ほんとにいたのかどうかもわからない。正真正銘実在の大盗賊は、陳勝から始まる。

**燕雀いづくんぞ……**

陳勝は秦《しん》帝国に対して叛乱をおこした人物である。この陳勝の弟分が呉広という男で、二人で協力して旗あげしたので、ふつう「陳勝呉広の乱」と言っている。

なにぶん二千数百年も昔のことであるから、この陳勝という男自身のことはあまりくわしくわからない。史料は『史記』だけしかない。歴史に現われるのはたったの半年間だけである。

『史記』の記述は大きく前半と後半にわかれる。前半は叛乱をおこすまでで、甚だ小説的でおもしろいが、ほんとうかどうか、あてにならない。後半は王様になってからで、軍勢があっちへ動いた、こっちへむかったというたぐいの記述が主になる。確かな記録にもとづいているのであろうが、そのかわりおもしろい話はすくない。

叛乱をおこす前の話が一つ『史記』にのっていてたいへん有名である。

陳勝は日雇い百姓であった。むずかしいコトバでは「雇農《このう》」という。自分の土地を持たず、小作もさせてもらえず、お呼びがあれば雇われて働き、お呼びがなければ食いはぐれる。家もなく家族もないのがふつうである。魯迅《ろじん》の『阿Q正伝』はそういう雇農の境涯を戯画的に描いたものだ。こういう連中が兵隊になったり、盗賊になったりするのである。

ある日陳勝は、雇われて他人の畑で働いていて、ふと鍬《くわ》をやすめ、しばし長嘆息したのち朋輩《ほうばい》にむかって言った。

「なあおい、えらくなってもお互い忘れんようにしようぜ」

朋輩は笑って答えた。

「日雇いが何をぬかしとるんじゃ」

そこで陳勝が「ああ!」とため息をついて「燕雀《えんじゃく》いづくんぞ鴻鵠《こうこく》の志《こころざし》を知らんや!」と言ったという、このセリフが有名なのである。

燕雀というのは、そこいらの木の枝なんぞでチュンチュン鳴いているちっちゃな鳥である。鴻鵠というのは、遥か上空を悠々と飛んでいる大きな鳥である。「小物には大物のでっかい夢はわからんのだなあ」ということである。

こういうのが「小説」なのである。人間えらくなると、若いころのエピソードがあとからこしらえられるのであって、豊臣秀吉がえらくなると日吉丸のころに矢作《やはぎ》の橋で蜂須賀小六を叱咤《しった》した話ができるみたいなものである。「燕雀いづくんぞ鴻鵠の志を」なんて日雇い百姓のセリフじゃない。

**旗あげの名演説**

陳勝は陳という大きな町の近郊の人である。現在河南省の淮陽《わいよう》という町のあたりである。ずっと昔、春秋時代には陳という国であった。それが戦国時代に楚《そ》の国の領域になり、秦の始皇帝が楚をほろぼしたので、秦の支配下に入ったのである。

「陳勝、字《あざな》は渉」と『史記』には書いてある。つまり、陳という姓、勝という名、それにもう一つ渉という呼び名があったということである。

が、そうではあるまい。日雇い百姓に名だの字だのと文化人みたいに二つも名前は要らない。もともとの名前が「渉」で、あとでえらくなってから「勝」という強そうな名前をつけたのだろう。昔の仲間は「渉」と呼んでいる。

「渉」と「勝」と、今の日本語ではあいにくどちらも「しょう」になってしまうが、「渉」は当時の発音では「シェブ」か「ジェフ」か、そんな音だったはずである。シェブということにしておきましょう。

陳渉の「陳」というのは、はたしてこの男の姓なのかどうか、これもあやしい。陳の人だから「陳のシェブ」と仲間たちに呼ばれていたのが、姓みたいになってしまったのだろう。「国定村の忠治」みたいなものである。

秦の始皇帝は一人で天下を統一したどえらい男だが、始皇帝が死ぬと、秦帝国はガタガタになってしまった。陳勝が旗あげしたのは、始皇帝が死んで一年後の西暦紀元前二〇九年のことである。

この旗あげの次第というのが、これまた甚だ小説的である。あまりあてにならぬ話だから簡略に紹介するとこういうことだ。

陳勝ははたして兵隊にとられ、大沢郷《だいたくきょう》という町に集合させられた。集められた新兵九百人。ここから軍官三人が引率して、ずっと北のほう、今の北京のあたりへ辺境守備に行くのである。陳勝と呉広が「屯長」に任命された。新兵たちのまとめ役というところである。いずれも一般の新兵よりはかしこそうなところを見こまれたのだろう。この時から呉広が陳勝の弟分になるのである。

ところが大雨がつづいて道路杜絶し、出発できない。期限におくれそうだ。期限におくれると死刑というきまりになっていたのだそうである。そこで陳勝と呉広が相談して、「遅れて着いても殺される、逃げてもつかまって殺される、いっそイチかバチかでかいことをやってみよう」と一決し、引率の軍官を殺して、九百人をひきいて旗あげした。

その際も、いろいろ話ができている。たとえば、白い布に赤い字で「陳勝が王様だ」と書いて、新兵たちの食う魚の腹に入れておいた、新兵たちはそれを見て、神のお告げだと思った、とか、夜、呉広が祠《ほこら》で狐火を燃やし、狐の鳴き声をまねして「陳勝が王様だ、コンコン」と鳴いた、とかである。人心収攬《しゅうらん》策、というわけだろう。

旗あげの際、陳勝が兵士たちの前でぶった演説というのがまた有名である。「男一匹、どうせ死ぬならどでかいことをやって名を残そうじゃないか」と来て、「王侯将相《おうこうしょうしょう》なんぞ種《しゅ》あらんや！」と結んだというのである。「王だの侯だの将軍だの宰相だのと言ったって、特別の材料でできているわけじゃない。同じ人間なんだ」、つまり「おれたちが王侯将相になったっていいんだ」ということである。

いったい中国の大盗賊についての記録を見ていると、旗あげの際のりっぱな格調高い演説が正確に残されている傾向がある。たとえば北宋末の方臘《ほうろう》——この方臘というのは元来漆《うるし》農家の親父程度なのであるが、その旗あげ演説たるや、天下の情勢から説き起こして次第に当面の運動方針に及び、理路整然としてしかもきわめて煽動的、レーニンやヒットラーも顔負けの水準である。当時旗あげに参加した連中はみな乱戦の中で殺されてしまったのに、よくまあこんなにくわしく残ったものと感心する。

中国で一番古い書物である『尚書』、これには商（殷《いん》）の湯《とう》王が暴逆の夏《か》の桀《けつ》王を討ちほろぼしたとか、周の武王が暴逆の殷の紂《ちゅう》王を討ちほろぼしたとかのいろんな大戦争のことが書いてある。ところが実は、戦争そのものの記述なんぞはちっともなくて、戦争を始めるに際しての大演説だけがくわしく書いてあるという不思議なものである。中国最古の歴史書『尚書』というのは、実は演説集なのである。どうも中国人というのは、あとから演説をこしらえることにいたく熱心な人たちであるらしい。

そういうわけで、陳勝のたいへん民主的、ないし革命的な演説というのも、あんまりあてにはならない。

### 昔の仲間

陳勝がひきいる九百人の軍勢は、まず大沢郷の町を占領し、ついで近隣の町を次々と取った。たちまち呼応する者が相次いで、陳勝の軍はまたたくまにふくれあがり、この地方最大の都市陳を攻めるころには数万に達していた。

それもそのはず、このあたりは従来楚《そ》の国であった。それが先年秦《しん》にほろぼされて秦の軍隊が占領している。

今のわれわれが見ると中国というのは一つの国みたいだが、当時にしてみれば、秦とか楚とかいうのがそれぞれ一国なので、つまりヒットラーのドイツに占領されたフランスみたいなものなのである。それが秦の本拠のほうで頭目の始皇帝が死んであとが混乱状態になり、出先のこのあたりも浮足立っている。そこへ陳勝のパルチザンが旗あげしたから地元の者がワッと集まったわけで、これは一種の復古運動なのである。

陳では、司令官も副司令官もどこへ雲隠れしたか不在で、陳勝は簡単にこの都市を占領した。地元の有力者を集めて相談したら、みな陳勝に王になれとすすめるので、陳勝は旗あげから数日で王になり、国を建てて「張楚」と号した。「張」というのは「拡張」「拡大」の意である。

この時陳勝の軍に馳せ参じたのに、張耳《ちょうじ》と陳餘《ちんよ》というのがいる。この二人は以前の魏《ぎ》の国の貴族で、魏がほろびたあと身をひそめていたが、陳勝が旗あげしたと聞いて出てきたのである。早速陳勝の参謀になったが、この二人は陳勝が王位につくのに反対した。というのが、秦にほろぼされた六つの大国（魏もその一つだ）の王族があちこちに隠れている。その人たちの国を復興して、それぞれ王位にもどしてやるのが先決だ、と主張したのである。陳勝は二人の反対をしりぞけて王位についたわけだが、そういう旧秩序回復勢力が根強くあったことがわかる。

王様になったあたりが陳勝のピークで、あとは支離滅裂になってしまう。その原因について、『史記』は、人心を失い昔の仲間が離れて行ったからだと、つぎのようなエピソードをあげている。

昔いっしょに日雇いをしていた仲間、例の「燕雀いづくんぞ」を聞かされたやつが、「シェブに会いてぇ」と宮殿をたずねてきた。貧しげな百姓のおっさんだから門番が相手にしない。そこでおっさんは、陳勝が王宮から出てくるのを待って車の前へとび出し、「シェブ！　シェブ！」と呼んだ。見ると昔の仲間で、「えらくなっても忘れまいぜ」と言ったのは自分だから、車にのせてやり、つれて帰った。おっさんは宮殿内の豪華なさまを見て「ほほう、うへえ、シェブおめえ王様になっちゃって、すげえなこりゃ」と感心することしきり——ここの所、『史記』は楚の方言を用いてリアルに描写している。

その後おっさんは宮殿の中を自由自在に歩きまわって、人をつかまえては昔のシェブのことを言いちらす。悪気ではないのだが、王様の威厳をそこなうこと甚だしい。とうとう陳勝はこの男をつかまえて殺してしまった。これをきっかけに昔の仲間たちは水が引くように離れてゆき、陳勝は孤立した——というのである。

陳勝にかぎらず、下層の人間が極端にえらくなると、昔の仲間の処置に困るものなのである。ルネ・クレールの映画『自由を我等に』は、もと囚人が大会社の社長になり、そこへ昔の刑務所仲間がたずねてきて往生し、とうとう社長の椅子をほうり出して浮浪者にもどる話であった。しかし実際には、せっかく獲得した高位をそう簡単に棒に振るわけにはゆかない。毛沢東夫人江青——二十世紀中国の皇后が、下っ端女優だったころの知人を投獄したり自殺に追いこんだりしたのはよく知られている。

あとで出てくるが、漢代に儒学が国家の学として採用されたというのも、もとをただせば、高祖劉邦の、やくざ時代の仲間対策がきっかけなのであった。

**半年天下におわる**

信頼できる仲間がいなくなったのが陳勝の失敗の原因、という『史記』の判断はその通りであろうが、もう一つ重要な理由がある。それは、軍勢が急速に膨脹して統御不能におちいったことである。

陳勝は、自分は都の陳にいて、四方へ討伐の軍を出した。一番大がかりなのは、周文という将軍に数十万の兵を与えて西方の秦の本拠へむかわせたものである。この周文という男はもと陳の占い師で、軍隊の指揮には自信があるというので大軍をあずけたのだが、秦の章邯《しょうかん》という将軍に簡単に負けた。数十万というのはほかにはないものの、数千規模で各地に作戦している部隊は数えきれないほどあった。それを、ついこのあいだまで日雇い百姓だった男が動かそうというのだから、どだい無理である。

たとえば、武臣《ぶしん》という将軍に、例の張耳と陳餘を参謀につけて、北の方、もとの趙《ちょう》の国へやった。ところが武臣は趙をとると勝手に趙王に即位してしまった。陳勝と同格になったわけだ。陳勝は怒ったが、腹の虫をおさえて、「兵をひきいて秦の本拠へむかってくれ」と頼んだ。しかし趙王の武臣は無視して、韓広《かんこう》という将軍を、さらに北、もとの燕《えん》の国へ出した。韓広は燕をとると、そこでまた勝手に燕王におさまってしまった。

旗あげの際陳勝の片腕だった呉広、この呉広には「假王《かおう》」つまり王様代理の地位を与えて滎陽《けいよう》という戦略重要都市を討ちに行かせたら、配下の将軍たちが、この王様代理は指揮能力がないと殺してしまって、なんとその首を都へとどけてきた。

統御不能とは、つまりそういう状態なのである。

結局陳勝が即位してから六か月目、紀元前二〇九年の十二月、例の占い師将軍周文を破った秦の章邯が陳へ進撃してきて、陳勝は都を捨てて逃げる途中、自分のボディガードに殺されてしまった。

中国最初の盗賊王陳勝こと陳のシェブは、一時は勢威赫々《かくかく》数十万の軍に君臨しながら、半年天下におわってしまったのである。

## 名無しのゴンベエ

陳勝が壮途なかばにしてたおれたあと、ついに秦帝国を打倒したのが漢の高祖劉邦《りゅうほう》である。そしてこの人こそ、中国最初の盗賊皇帝なのだ。小さな盗賊団の頭目から身をおこして帝位につき、前後四百年におよぶ大漢帝国の基礎をきずいた。中国の歴代皇帝のなかでも超大物の一人である。

生れて育ったのは、沛県《はいけん》という県城の西三十キロほどの所にある豊邑《ほうゆう》という村である。今の地図でいうと、徐州《じょしゅう》の五十キロほど北、江蘇《こうそ》、山東《さんとう》、河南《かなん》、安徽《あんき》の四つの省がややこしく食いこみあっている所である。戦国時代には楚の領域であった。

家は農家であったようだ。姓は劉という。四人兄弟の三番目である。

しかしながらこの人は、下層の生れだけあって、ごく基本的なことでわからぬ点がある。

まずよくわからないのが名前である。

この人の名前はふつう「邦《ほう》」だということになっている。好敵手であった項羽《こうう》とセットにして『項羽と劉邦』といったたぐいの本がいくつも出ているのはご存じの通りだ。

しかし本当に「邦」という名前であったのかどうか、実はわからんのである。

この人に関する史料は、基本的には、『史記』、およびそれを多少手直しした『漢書《かんじょ》』だけであるが、そのいずれにも、名前は書いてないのである。「邦」という名前が現われるのは、当人が死んでから四百年も後のことだ（後漢末の荀悦《じゅんえつ》の『漢紀《かんき》』）。

『史記』には、「姓は劉氏、字は季《き》」とある。

『漢書』は、「姓は劉氏」としるすのみ。

「字」というのは、他人がその人を呼ぶための名前である。しかし「季」というのは単に「末っ子」ということであって、「字」というほどのものじゃない。高祖の長兄は「伯《はく》」、次兄は「仲《ちゅう》」というのであるが、これも「一番上の子」「二番目の子」ということにすぎない。

つまりこの人は名前なんかなかったのであって、末っ子だから「季」と呼ばれていたのである。こういうふうに、特に名前というものはなく、兄弟の順序を呼び名にするのは、昔の中国農村ではごくふつうのことである。「劉季」（劉さんちの末っ子）——それで十分なのだ。

もっとも、末っ子にしては弟があるが、この弟というのもよくわからんやつで、『史記』は「高祖の同母少弟なり」と言い、『漢書』には「同父少弟なり」とある。この件については清《しん》の趙翼《ちょうよく》という学者が「弟を生んだのは継母である。実は高祖にはお母さんが二人あったのだ」と大いに考証している（『陔餘叢考《がいよそうこう》』巻五）。まあそんなところであって、生母の一番下の子だから「末っ子」と呼ばれていたのだろう。

『史記』は高祖の呼び名を、その立身に従って、「劉季《りゅうき》」「沛公《はいこう》」「漢王《かんのう》」「上《じょう》」と順番に呼び変えている。司馬遷はわざわざ高祖の生れ故郷へ調査に行っているから、土地の人はたしかに「劉季」と呼んでいたのだろう。

それじゃ「邦」のほうはどうなるのだ？

項岱《こうたい》という学者が「多分皇帝になってからつけた名前なんだろう」と言っている（唐・司馬貞『史記索隠《しきさくいん》』に引く）。皇帝にもなって「名前は末っ子」というのも威厳がないから、おそまきながら誰かに頼んでつけてもらったのかもしれない。「邦」というのは国という意味だから、なかなか大きな名前である。

ともかく、高祖という人は、文字通り「名も無い」微賤の出身だったわけだ。

## 年齢も不詳

つぎにわからないのが、年齢である。

『史記』にも『漢書』にも、高祖の年に関することは、いっさい書いてない。

これは実に困る。年がわからないことにはその人をイメージできないからである。たとえばあの「鴻門《こうもん》の会」の時、項羽は二十七歳なのであるが、沛公（つまり高祖）のほうはいくつなのか、それがわからぬとどうにもピンとこないのである。

高祖は紀元前一九五年に死んだ。その時何歳であったかについて、昔から二つの説がある。

まずそれを御紹介申しあげよう。

一つは、高祖は六十二歳で死んだとする説である。

南朝宋の裴駰《はいいん》の『史記集解《しっかい》』に、西晋の皇甫謐《こうほひつ》の「高祖は秦の昭王の五十一年に生れ、在位十二年、六十二歳で死んだ」という説を引いている。皇甫謐は三世紀半ばの人で、『帝王世紀』という本を書いている。裴駰はそれから取ったのだろう。

『史記集解』はもう一つ、高祖の旗あげの所で、東晋の徐広《じょこう》の「この時高祖は四十八歳」という説を引いている。旗あげの時四十八歳なら死んだ時六十二歳になる。徐広は四世紀後半から五世紀初めの人で、『史記音義《おんぎ》』という本を書いている。裴駰はこれを取った。つまり裴駰は、旗あげの時四十八、死んだ時六十二、という二本立てで六十二歳説を支えているのである。

しかし徐広の四十八歳旗あげ説が何を根拠にしているのかといえば、六十二歳で死んだという『帝王世紀』から逆算したのだろうから、裴駰説は二本柱のように見えて実は一本柱なのである。

ずっとくだって清の歴史家梁玉縄《りようぎよくじよう》の『史記志疑《しぎ》』が六十二歳説である。これは、『太《たい》平御覧《へいぎよらん》』巻八十七（皇王部十二）に『史記』を引いて「四月甲辰、長楽宮に崩ず、時に年六十二、在位十二年」とすることを根拠とする。しかし『太平御覧』のこの記事は、『史記』の本文に『集解』をまぜこんだだけのものであって、高祖の崩年を明記した『史記』の別本があるわけではない。『御覧』が引く『史記』は、劣悪なダイジェストである。

わが国の瀧川亀太郎博士の『史記会注考証』も梁玉縄を支持して六十二歳説である。

今日の中国でも六十二歳説が優勢で、人民出版社の『劉邦』、呉海林・李延沛編『中国歴史人物生卒年表』、それに台湾の柏楊《はくよう》の『中国帝王皇后親王公主世系表』、いずれも六十二歳説をとる。

もう一つは、高祖は五十三歳で死んだとする説である。

唐の顔師古《がんしこ》の『漢書注』が臣瓚《しんさん》の「帝は四十二で即位し、十二年目に死んだ。御年五十三」とする説を引く。臣瓚という人は、名は瓚であるが、姓はわからない。「臣」というのはわが吉田茂首相が「臣茂」と称したと同じ「臣」であって姓ではない。西晋の初め、つまり三世紀の人で、後漢時代の『漢書』の注釈を集めて『漢書集解《かんじよしつかい》』という本を作った人らしい。この人が前漢の各皇帝の歿年を記してあるのを、顔師古が採用しているのである。

顔師古のあと、北宋の司馬光《しばこう》の『資治通鑑《しじつがん》』、元の馬端臨《ばたんりん》の『文献通考《ぶんけんつうこう》』、いずれも五十三歳説をとる。

結局出どころは皇甫謐と臣瓚とであって、そのいずれをとるかが後世の歴史家の判断なのであるが、皇甫謐も臣瓚も高祖が死んでから四百年もあとの人で、しかも何を根拠に六十二とか五十三とか言うのかわからない。

臣瓚説と皇甫謐説とでは九歳もちがう。「鴻門の会」について言えば、前説では四十二歳、後説では五十一歳になる。

四十二とか五十一とかいう年を今日の日本の通念で考えてはいけない。昔の中国人は年をとるのが早かった。四十代になればもうそろそろ老境で、五十になったら立派なお爺さんである。たいていはそれまでに死んでしまう。たとえば皇帝などという地位にある人は、ずいぶんうまいものを食って体にも気をつけたはずだが、前漢十五人の皇帝のうち五十歳以上まで生きたのは、高祖を除けば武帝一人である。後漢十四人のうちでも最初の光武帝と最後の献帝だけだ。

だから鴻門の会の際の沛公は、四十二歳ならまだしもかろうじて壮年といえるとしても、五十一歳では白いひげをはやして腰のまがったお爺さんということになりかねないのである。

まったく困った。しかたがないからわたしなりに考えてみよう。

盧綰《ろわん》という、高祖にたいへん可愛がられた男が、高祖と同郷、親同士が仲良し、そして高祖と同年同月同日の生れなので、この人の年齢がわかれば好都合なのだが、どうも手がかりになりそうなことが出てこない。

王陵という男、これも高祖と同郷で、高祖がまだ沛や豊のあたりでごろごろしていた時分にこの男に兄事していたという。兄事したというからには王陵のほうが少くとも二つや三つは年上なのだろう。高祖にくっついて出世して右丞相《うじょうしょう》にまでなった。高祖が紀元前一九五年に死に、むすこの二代目恵帝が同一八八年に死んだ翌年、王陵は高祖の未亡人呂太《りょたい》后《こう》のごきげんを損じてクビになり、十年後に死んだ。もし高祖六十二歳説をとるならば、王陵は七十数歳でなお丞相の地位にあり、八十数歳まで生きたことになる。当時としてはちょっと不自然である。

もう一つ、高祖は男の子が八人あったが（女の子は呂后が生んだ魯元公主のほかはわからない）、六十二歳説だとそれらが全部四十代以後の子ということになり、女好きだった高祖にしてはやはりちょっと不自然である。

多分高祖自身も自分の正確な年齢は知らなかったのだろう、とわたしは思うが、それにしてもだいたいの見当はついたはずで、まず五十代のなかばぐらいで死んだ、ということにしておきたい。ということは、どちらかといえば臣瓚説の肩を持つということである。そうすれば右の不自然はほぼ解消する。

## オジサンの旗あげ

高祖が旗あげしたのは、紀元前二〇九年、臣瓚説で三十九歳の時のことである。これ以後のことは、たしかな記録があって『史記』はそれにもとづいて書いたようだ。

旗あげ以前の高祖のことも『史記』にはいろいろ書いてあるが、まあたいていあとからの作り話だろう。司馬遷は、高祖の故郷の沛や豊へ行って、蕭何《しょうか》、曹参《そうしん》、樊噲《はんかい》、夏侯嬰《かこうえい》など高祖の旗あげに加わった人たちの家も見、樊噲の孫から話を聞いた、と言っているが、しかし司馬遷が高祖の故郷をおとずれたのは高祖が皇帝になってから八十年ほどもあとのことである。直接高祖を知っている人は一人も生き残っていない。小さな村から古今未曾有の大人物が出たのだから種々の伝説が生れ、流布していた。

——高祖は、母の劉媼が蛟龍と交わって生んだ子である。

——左の太腿に七十二個のホクロがあった。

――秦の都咸陽《かんよう》へ傜役《ようえき》に行って始皇帝を見、「ああ大丈夫はかくあるべきだ」と言った。

――道に横たわる蛇を斬った。蛇の母である老婆が「我が子は白帝の子である。今、赤帝の子がこれを斬った」と泣いた。

――どこへかくれても妻の呂后はただちにその所をさがしあてた。高祖のいる所はその上に雲気があったからである。

こうした話を、司馬遷は信ずるに足る事実と考えて『史記』に記載したのであろうが、やはり高祖が皇帝になったあとでできた話とするべきだろう。

むしろ旗あげ前の高祖のことは、他の人たち（旗あげ以前から高祖と交渉のあった人たち）の伝記に見えるところのほうが信ずるに足ると思われる。「楚元王世家」「蕭相国世家」「曹相国世家」「絳侯周勃世家」「盧綰伝」「樊噲伝」「滕公伝」「周昌伝」「任敖伝」、それに『漢書』の「高王伝」「王陵伝」等である。それらを綜合して、旗あげ以前の高祖をスケッチしてみよう。

――高祖は、沛県の町の遊び人であり、同時に役所の「吏《り》」であった。

県の役所には、県令以下、秦の中央政府から派遣されてきた少数の「官」がいて、この人たちが県を支配している。この「官」が地元の顔役を採用して末端の諸業務をやらせる。それが「吏」である。

では吏としての高祖は何をやっていたかというと、泗水《しすい》という「亭」の亭長をしていた。「亭」というのがどういうものであったかについては、顧炎武が詳しく考証している(『日知録』巻二十二「亭」)、小さな町(ないし村)であり、それが、往来する官員のための宿場にもなっている。亭長はその町長(ないし村長)で、治安担当者でもあり、官員の宿泊施設のマネージャーでもある。泗水亭は沛県の東百歩の所にあったというから、まあ沛県の一部分と言ってよい。

のちに高祖の旗あげに加わった部下たちというのは、たいていみな沛県の「吏」の仲間である。

そのうち蕭何が、のちに宰相にまでなっただけあって切れ者の事務員だが、あとは馭者《ぎょしゃ》や獄卒などである。すでにこのころから、「吏」というのは堅気《かたぎ》の人間のなるものではなく、やくざ、あるいは社会の寄生虫的な連中が、お上にやとわれて行政の末端業務をあつかったもののようだ。吏以外で高祖の旗あげに加わったのは、ムシロ織り兼葬式の笛吹きの周勃《しゅうぼつ》、犬肉屋の樊噲などがいる。高祖はこういう連中の親分株だったわけである。

ただし、こういう連中の親分株といっても、これら周辺の人たちの伝記に見える高祖には、あまり乱暴者という印象はない。むしろ、かなりの年配で、それだけに老成しており、血気さかんな連中から「おじさん、おじさん」と立てられている気さくな男という感じである。本伝にも「廷中の吏、狎侮せざる所なし」と言っている。誰とでも親しくなれなれしく、気軽に冗談を言い合う仲だったというのである。

秦の始皇帝は、生前から自分の巨大な陵墓を造成していて、全国から人夫を集めた。高祖は亭長の職務として、沛県の人夫たちを引率してはるか都へ行くこととなった。ところが道中、人夫たちがつぎつぎに逃げてしまう。この分では向うへつくころには引率者一人になりそうだ。それではお役目にならない。高祖は酒を買って残った人夫たちと飲み、「みんな逃げろ、おれも逃げる」と言った。十数人の人夫たちが高祖について行くと申し出たので、彼等とともに山中へ入って盗賊になった。部下はその後百人近くにふえた。

周辺の人たちの伝記を見ていると「高祖がお尋ね者であったころ」ということがよく出てくるが、それはこの時期のことであろう。どこにいても頭上に雲気が漂っているので呂后が探しあてたというのもこの時期である。

そのうち始皇帝が死に、陳勝を皮切りに各地で叛乱が起った。沛県の県令もこれに応じて反秦の旗をかかげて起とうとした。

それはこういうことだ。県令というのは秦の中央政府から派遣された官僚である。後楯の秦がしっかりしていれば県令も安泰である。しかし中央がガタついてきて周辺に叛乱が群起すると県令は孤立状態になる。むしろ叛乱に同調したほうが安全なのである。

県の吏で高祖の子分である蕭何や曹参が県令に「よそ者のあなたが叛乱すると言ったって地元の者がついて来ないでしょう。地元の者でいま外へ逃げている者を呼びよせて味方につけるのが上策です」と進言したので、県令は高祖を呼びにやらせた。そのあとで県令はまた不安になって、高祖がもどってきたら城門を閉ざしてしまった。沛県の有力者たちは県令を殺して高祖を迎え入れ、「沛公」に立てた。かつての楚の時代、県の長官を「公」と言っていたので、その旧称で呼んだのである。

このあたり、『史記』は、蕭何や高祖や有力者たちの発言などを詳細に書いているが、どこまでほんとうかはわからない。要は、沛県も叛乱に起つことに決し、秦政府の官僚である県令が大将ではまとまらないので、蕭何や町の有力者が合議して高祖をかつぐことにしたということなのであろう。

これが紀元前二〇九年の高祖の旗あげである。どちらかといえば、おみこしに乗せられてかつぎあげられた旗あげだ。

## ご存じ鴻門の会

同じころ、かつての楚の名門の将軍項梁《こうりょう》とそのおいの項羽も旗あげした。こちらは盗賊あがりの高祖とは勢力も格もケタがちがう。高祖は沛県の若者数千をひきいて項梁の配下に入った。

ところがこの項梁が、秦の名将章邯《しょうかん》との戦いに敗れて死んでしまった。旧項梁軍は、項羽の軍と高祖の軍とに分かれて、それぞれ秦の都咸陽《かんよう》をめざした。

紀元前二〇六年、旗あげしてから四年目に、高祖は秦の地に入り、十五年つづいた秦帝国をほろぼした。すこしおくれて項羽が秦の地に入ってきた。ここに、かの有名な「鴻門の会」事件がおこるのである。

この時点まで、反秦軍の総大将は項羽である。高祖はその一部将にすぎない。その高祖が先に秦の地に突入して秦帝国をほろぼしてしまったものだから、項羽は激怒して、高祖の軍営を攻撃しようとした。攻撃されてはひとたまりもない。

そこで高祖は、項羽が陣屋を構える鴻門という所へ丸腰で出向いて、平謝りに謝った。坊っちゃん育ちで人のよい項羽は、気が変ってかんべんしてやることにし、宴会を開いた。これが「鴻門の宴」だ。

先に言った通り、この時項羽は二十七歳の青年将軍なのだが、高祖は、一説では四十二歳、一説では五十一歳のお爺さんということになるのである。そしてこの際は五十一歳説のほうが説得的であるように感ぜられる。親子ほど年のちがう高祖に平身低頭されては、人を殺すこと麻の如き項羽も仏心《ほとけごころ》が動いたであろうから。

さて周知のように「鴻門の宴」については、まことに小説的な、いやむしろ演劇的な「史実」が伝えられている。いわく、

――項羽の謀臣范増《はんぞう》が、項荘《こうそう》に命じて、剣舞にかこつけて高祖を刺殺しようとした。項羽の叔父で実は高祖と気脈を通じている項伯《こうはく》が「わたしもお相伴で舞いましょう」と加わって、項荘が高祖に迫ろうとすると立ちふさがって剣を舞わし、高祖を守った。

――これは危ない、と高祖の部下の張良《ちょうりょう》が、外で待っているもと犬肉屋の樊噲に知らせた。樊噲は宴席に突入して項羽をにらみつけた。項羽は「壮士である、酒と肉とを与えよ」と命じた。樊噲は遠慮なく飲みかつくらい、その上項羽に説教を垂れた。

――そのドサクサまぎれに高祖は「ちょっとトイレへ……」と逃げてしまった。あとで張良が手みやげの玉斗一双を范増に贈ると、范増は剣を抜いてこの玉斗を叩き割り、「ああ！　豎子《じゅし》ともに謀るに足らず、項王の天下を奪う者は必ず沛公ならん」と長大息した。

……等々である。

こんな芝居仕立てのことが実際にあったとは考えられない。まあ、項羽がおこっていると聞いて高祖があやまりに行ったら項羽も機嫌を直した、くらいのことはほんとうかもしれぬが、「鴻門の宴」の委細などはすべて作り話であろう。

しかし、昔の人にとってはそれが「歴史」だったのである。つまり、昔の人たちにとっ

て「歴史」というのは、NHKの大河ドラマみたいなものなのである。ごく大筋の所は史実だが、ディテイルは作り話である。「歴史」は口づたえに語りつたえられてゆくから、その過程でだんだんおもしろく肉づけされてゆく。その肉づけの部分は「物語」であって、肉をこそぎ落したものが「歴史」だというような観念は昔の人にはなかったのである。

昔の人たちにとっては、その肉づけも含めたものが「歴史」なのであって、『左伝』や『史記』がおもしろいのはそのゆえである。

そういう意味で『史記』のなかでとびきりおもしろいのは、伍子胥《ごししょ》の復讐譚と荊軻《けいか》の秦始皇暗殺譚だろうが、おもしろいだけに、九割以上は作り話にちがいないと思われる。しかし司馬遷は、そこに人間の情熱や執念の真実があると見て「歴史」に採用することをためらわなかった。「鴻門の宴」は伍子胥や荊軻のようなこみいった話ではないけれども、右のような「歴史」の華麗な一幕として司馬遷によって採用されたものである。

「歴史」を「物語」から分離しようとしたのは、三つめの正史である『三国志』を書いた西晋の陳寿（三世紀後半の人）あたりからで、『三国志』はとことん確かな事実だけを書いたから、まことに簡潔無比である。しかしこれでは、当時の人にはいかにも物足りない。そこでこれに注をつけた裴松之《はいしょうし》は、陳寿が切り捨てたおもしろいエピソードなどを大量におぎなった（なお、わが国で一般に「三国志」と称しているものは、正史『三国志』より千数百年ものちに出来た小説『三国演義』を翻訳したもので、『三国志』とは全然別のものである）。

唐の初め（七世紀）に『晋書』が大成されると、「小説が多い」とたいへん悪口を言われたが、そういう批判が出てくるというのも、歴史に物語がまじるのはよろしくない、というのが共通の認識になってきたからであって、そう考えると陳寿という人はずいぶん偉い先駆者であった。

## 冷たいお父さん

さてこのあとは、項羽と高祖との四年間にわたる角逐《かくちく》になる。これは不思議な戦争で、個々の戦闘を見るとたいてい項羽のほうが勝っている。なのに大勢はだんだん高祖のほうに傾いてくるのである。結局、紀元前二〇二年、項羽は垓下《がいか》の戦いに敗れて自殺し、高祖が漢帝国を立てて皇帝になった。

どうしてそんなことになったのかというと、項羽は強いことはたしかに強いけれど、やはり若かった。高祖は、もちろん項羽ほど強くないし、そうとびぬけて聡明でもないし、人格が高いわけでも人情に厚いわけでもないが、なぜか人望があったようである。「この人のために一肌ぬいでみよう」という気をおこさせるようなところがあったらしい。それを「人徳」と呼ぶのなら、まあ人徳があったということである。

高祖という人は、あたたかい人ではない。だいたい家族に対してすら不人情であった。紀元前二〇三年四月、彭城《ほうじょう》での項羽との合戦に大敗して、車に乗って逃げた時のこと。背後から敵の騎兵が迫るのに、車は思うように走らない。高祖は少しでも車を軽くしようと、いっしょに乗っていたむすこと娘を突きおとした。沛県以来の高祖の子分である夏侯《かこう》嬰《えい》があわてて跳びおりて二人の子を拾いあげる。高祖がまた突きおとす。夏侯嬰がまた拾う。それをくりかえしながら逃げた。このむすこが高祖の死んだあと二代目の恵帝《けいてい》になったのだから、夏侯嬰は皇帝の命の恩人である。

その翌年、項羽と高祖が陣を構えて対峙していた時のこと。項羽は、去年の戦いでつかまえてあった高祖の父を大きなマナイタの上にのせ、「降参しないとおまえの親父をスープにするぞ」と迫った。

昔の中国は乱暴だから、人間のスープを作るというのは別に冗談ではない。のちに高祖も、将軍の彭越《ほうえつ》が裏切ったといって、殺してツクダ煮にして諸将に配っている。

しかしこの時高祖はちっともおどろかず、「親父のスープができたら拙者にも一杯恵んで下され」と答えたので、項羽も殺すのをやめた。虚勢を張っているのでないことがわかったからだろう。

だから、人徳があったといってもあたたかい人柄だったたというのではない。ただ気さくで飾らない人ではあったらしい。

高祖は儒者が大嫌いであった。儒者というのは何事ももったいらしく飾り立てて、仰々しくするのが仕事の連中だからである。儒者は特有の帽子をかぶっている。天下を争っていたころ、儒者が面会に来てしかつめらしい挨拶など始めると、高祖はその帽子を取って、目の前でその中へドボドボと小便をしたという。

それからこれは皇帝になってからのことだが、これも沛県以来の子分である周昌《しゅうしょう》が、用があって高祖のへやへ入ると、高祖はちょうど愛妾の戚姫《せきき》を抱いて楽しんでいるところだった。周昌がびっくりして逃げ出すと、高祖は追っかけてきて周昌を押し倒してその首すじに馬乗りになり、「おれはどういう殿様だ」と言った。周昌が「陛下は桀《けつ》や紂《ちゅう》のようなおかたでございます」と答えたら高祖は大笑いした。夏の桀《か》と殷《いん》の紂は、国をほろぼした悪逆の暴君である。

## 儒者の出番

そういう高祖も、皇帝になると、天下取りを助けてくれた仲間たちの処置に困ることになった。なにしろ乱暴者ぞろいだし、皇帝といったってもとをただせば自分たちと変らぬ一介の盗賊にすぎないことを知っている。知っているだけでなく、そういう感覚で接する。

一番強い韓信《かんしん》と黥布《げいふ》と彭越《ほうえつ》の三人は難癖をつけて殺してしまったが、まさか部下を全員殺すわけにはゆかない。高祖は、あんなに嫌いだった礼儀作法の専門家、儒者に頼むことにした。

儒家というのは何かというと、わかりやすくいえば冠婚葬祭屋、儀式業者である。

儒家は「文」ということを最も重んずる。「文」というのは模様とヒラヒラである。実用的には無意味な飾りである。

衣服というものは本来、人間の体を寒さや害虫や岩の角から保護するためのものであるから、その役に立てば足りる。これを「質」(実質、実用)という。しかし人間の生活が進歩するとそれだけでは物足りなくなって、衣服に模様を描いたりヒラヒラをつけたりする。これが「文」(もよう、かざり)である。儒家は、人間の生活が「質」だけであっては禽獣《きんじゅう》と大差ないのであって、「文」があってこそ万物の霊長たる資格があると主張するのである。

死んだ人を埋めるとか、男が女を自分のものにするとか、男たちが集まって酒を飲むとかいうことも、本来は何でもない簡単なことなのだが、儒家はこれを、ものものしくもったいぶって、ややこしく儀式化し、荘重に、あるいは華麗に飾り立てる。とっくの昔に死んだ人間（祖先）を祭るという、実質は何もない、百パーセント「文」の儀式などは、儒家の最も得意とするレパートリーである。人間がそういう「文」を具《そな》えた生活をできるように化してゆくのが「文化」なのである。

儒家の儀式は複雑で、並の人間にはなかなかおぼえられない。それはそのはずで、誰でもすぐ出来ては儒者は商売にならない。誰でもお経がよめたら坊主の立つ瀬がないのと同じである。

儒家の大先生である孔子は「学びて時にこれを習ふ」と言っている。「学ぶ」とは、先生から式の次第を一通り教わることである。「時に」とは「しょっちゅう」ということである。「習ふ」とは「同じことをかさねる」「くりかえす」ということである。せっかく教わってもほっとけばすぐ忘れてしまうから、毎日々々くりかえし練習して体でおぼえてしまいなさい、というのである。野球の選手が毎日千本ノックを受けていると、カンと音がした途端にボールの落下点へ向けて自然に体が動き出すようになるのと同じ理窟である。

戦乱の時代は世の中万事「質」一本槍だから、儒者は帽子にションベンされてベソをかいているほかなかったが、世の中がおちついてくると「文」が幅をきかす。いよいよ儒者の出番ということになった。

## 大漢帝国の威儀

王朝の統制に頭を痛めていた高祖に、わが儒家の方式を取り入れなさいと進言したのは、叔孫通《しゅくそんとう》という儒者である。

この叔孫通は、儒家の本場である魯《ろ》の国の人だが、頭のかたいのが多い儒者のなかでは珍しく目はしの利く男であった。高祖に仕えたのは、高祖がまだ項羽と戦っていた時分のことだが、ぞろりと長い儒服を見て高祖が顔をしかめると、すぐ短い服に着かえた。短い服というのは兵士や盗賊の着るものだから、高祖は「儒者にしては感心なやつだ」と目をかけるようになった。そういう軽薄な所が伝統的儒者には嫌われたが、叔孫通はちゃんと世の流れを見通していたわけである。

高祖に仕えた当時、叔孫通は百人ばかりの弟子をつれていた。弟子たちは、これで自分たちも職にありつけると期待していたら、叔孫通は盗賊や壮士ばかり拾ってきて高祖に推薦する。弟子たちが不平を言うと「まあ待て、忘れてはおらん」と言った。

この叔孫通が漢帝国の威儀をプログラムしたいと申し出ると、高祖は少々びびった。皇帝といえどもその礼儀作法には従わねばならぬからである。「なるべく簡単なやつにしてくれよ。おれのおぼえられる程度にな」と高祖は念を押した。

叔孫通は、伝統的なやりかたをよほど簡素化した案を考え、郷里の魯から仲間を三十人ほど呼びよせ、それに満を持していた例の百人あまりの弟子と、野外で一か月あまり練習をかさねて、高祖にリハーサルを見てもらった。「うむ、これならおれにもやれそうだ」と高祖は満悦し、臣下たちに習わせた。

当時は十月が年の初めであったので、まず手始めに「十月の儀」すなわち新年の儀式を叔孫通の設計した式次第で執り行ったところ、厳粛の気分に満ちて一糸乱れず、しかも皇帝には臣下と隔絶した至高の地位が与えられていたので、高祖は「おれは今日初めて皇帝の高貴なることを知った」といたく感銘した。この機をとらえて叔孫通は弟子百人を推薦したので、弟子たちはみな高官に取り立てられた。

以後宮中の行事や行動は儒家の儀礼にしたがうこととなり、ならずものの寄り集まりでできた盗賊王朝は、整然たる上下の秩序と威厳をそなえた大漢帝国になってゆくのである。

# 第二章　玉座に登った乞食坊主

――朱元璋

## 盗賊で身を立てよう

中国歴史上の二大盗賊皇帝、といえば漢の高祖劉邦と明の太祖朱元璋《しゅげんしょう》である。どちらも百姓の子で、盗賊の頭目を経て皇帝になった。しかもその打ち立てた王朝は数百年もつづいている。

もっとも、漢の高祖はかなりの年になってから子分たちにかつぎあげられたのであったが、明の太祖はそうではない。二十五歳の時に「よし、おれは盗賊で身を立てよう」と決意して、たった一人、郭子興《かくしこう》という大親分に身を投じたのである。

太祖が生れたのは、元《げん》の文宗《ぶんそう》の天暦《てんれき》元年（一三二八）、所は現在の安徽《あんき》省の北部、鳳陽《ほうよう》という町の近くの農村である。ただし代々この地に住む農民ではなく、各地を転々として父の代にここへ来た流れ百姓であった。

男四人女二人の六人きょうだいの末っ子で、名前は重八という。長兄は重四、次兄が重六、すぐ上の兄が重七で、太祖は重八、——つまり名前というより番号である。

なぜ四からはじまって五がとんでいるのかというと、太祖の父には兄があって、その子供たち（つまり太祖の従兄）とこみで番号をふっているからである。父方のいとこ同士は兄弟としてあつかうのが昔の中国の習慣であった。伯父さんのほうに先に男の子が三人生れたのでこれが重一、重二、重三、つぎにこちらで生れたのが重四、むこうの末っ子が重五、こちらで六、七、八、というわけだ。

元璋、という百姓の子らしくない立派な名前は、あとでえらくなってからつけたものである。自分だけでなく、兄たち、姉の子供たち、それに父親にまで立派な名前をつけてやっている。

父親の本名は五四という。これは、生れた時の父母の年齢を足すと五十四、という意味の名である。伯父さんの名は五一である。当時の庶民の命名法はこの方式が一番ふつうだったらしい。足し算さえできれば名前がつけられるし、数の少いほうが兄貴とすぐわかるから便利である。太祖はこの父親に世珍という名をつけてやった。

ついでにいうと、太祖と最後まで天下を争った張士誠《ちょうしせい》は本名を九四という。両親がだいぶ年をとってから生れた子とわかる。士誠というのは王を称してから学者につけてもらった名前である。このほか当時の大盗賊は徐寿輝《じょじゅき》とか陳友諒《ちんゆうりょう》とかみな立派な名前だが、すべてこのデンである。

「太祖」というのは死んでからの廟号《びょうごう》（皇帝を祭る廟の名）だが、後世はふつうこの名でこの人を呼んでいる。

太祖が十七歳の年、この地方を飢饉と疫病が襲い、数か月のうちに、父、母、長兄が死に、次兄、三兄も弟を養う力はなかったので、近くの寺の小坊主になった。皇覚寺という寺だとたいていの本に書いてあるが、それは太祖がのちに皇帝になったから改名したのである。もとの名はよくわからない。

ふつう寺というのは、田地を持っていて食うには困らぬはずなのだが、この年の飢饉はひどくて、太祖は寺にいることわずか五十日ほどで、他の僧たちと共に托鉢《たくはつ》の旅に出た。托鉢というときこえがよいが、ありようは乞食である。太祖が「乞食坊主あがりの皇帝」と言われるのはこれによる。

数年後、少しおちついたので寺に帰ってまた坊さんの修業をつづけ、元の至正十二年(一三五二)、太祖が二十五歳の時、戦乱で寺が焼けたのをきっかけに坊主修業をきりあげて、当時の大盗賊の一人郭子興の手下になった。

### 坊主コンプレックス

以上、太祖の二十五歳までの経歴は、後年皇帝になってからの当人の思い出話くらいしか材料がなく、実はあまりよくわからない。その思い出話(『紀夢』〈夢をしるす〉という文章になって残っている)も、寺が焼けて居場所がなくなり、官軍の兵隊になるか盗賊の手下になるか、それともこのまま寺でがんばるか大いに悩んで自分で占いをした(硬貨のような物を二枚投げて、両方とも表か、両方ともウラか、一表一ウラかできめるというい たって単純な占いで、あまり坊さんらしくはない）という、その占いの次第ばかりはバカ にくわしく書いてあるけれども、それまでのこと、乞食行脚から帰って五年ほどのあいだ おとなしくお経をよんでいたのかどうか、なんてことはちっとも書いてない。

しかし太祖が若いころ坊さんであったことはたしかである。そして太祖は生涯、かつて自分が坊さんであったことに深刻なコンプレックスを持っていた。中国では坊主というのは人からばかにされる職業だったからである。独力で天下を取った人らしい大きな度量をそなえた人であったが、自分のことを「坊主あがり」と言うやつだけは絶対に許さなかった。

のちに皇帝になると、このビョーキがいよいよ亢進《こうしん》した。もちろん面とむかって言う者などあるはずがないが、それだけにちょっとしたことばの端々に過敏になったのである。

皇帝というのは毎日たくさんの文書を見て決裁する。太祖は字を読むのは苦手だから秘書に読みあげさせたが、坊主を連想させることばが出てくると激怒して、書いた役人を死刑にした。

字を見るのではなく音を聞くのだからやっかいである。「僧《ソン》」がいけないのはもちろんだが、それと音の近い「生《シヨン》」もダメである。一番きらったのは「禿《とく》」と「光《こう》」である。

「禿」は坊主頭、「光」は、ツルツル、ピカピカの意だからである。まあ「禿」はあまり公文書には出てこないが、「光」はよく使う字だから気をつけないといけない。ある時、杭州府学の教授が太祖の聖徳をほめたたえる賀表をたてまつったのはよいが、うっかり「光天の下、天は聖人を生ず」とやったものだからたちまち死刑になった。

またある時、ある県学の教諭の文章に「取法」という語があったので死刑になった。「取法」というのは「正しい規範を採用する」という意味で別にわるくはないはずだが、太祖の耳には「取法《チーファ》」が「去髪《チーファ》」（髪を剃る）にきこえたのである。

以上のこと、趙翼《ちょうよく》『二十二史劄記《さっき》』巻三十二に「明祖、学問未だ深からず、往々文字の疑いをもって人を誤殺すること亦すでに少からず」として『朝野異聞録』という本を引いてのべている。

魯迅の『阿Q正伝』に、阿Qは頭にハゲがあって、人が「光」「亮」「灯」「燭」などのことばを口にするとハゲを真赤にしておこったという所がある。思うに魯迅はこの『二十二史劄記』の記事に材を得たのだろう。

太祖は天下を取ると国号を「明」と定めた。この「明」は、あとでのべる明王の「明」をとったものだが、この字は気にならなかったのだろうか。「光明」などというように「光」と近い意味の字なのであるが……。

## 天下大乱

元王朝は百年ほどつづいたが、そのおしまいの二十年ほどは、大混乱の時代である。

元の都大都《だいと》（今の北京）は、当時の中国全体ではずいぶん北にかたよった所にあった。だから中国の北半分はまだしも朝廷の威令下にあったが、都から遠い南半分は群雄割拠、ちょうどわが国の戦国時代に、ここに武田、あちらに今川、こちらに織田、と分立していたような情況であった。もっとも武田や織田はそれなりの由緒があったようだが、中国のばあいはそれがみな盗賊である。

明の太祖朱元璋も、それら盗賊の一つとしてのしあがって行ったのだが、太祖は一番の後発であった。太祖が郭子興の手下になったころには、他の盗賊たちはすでに相当の勢力をたくわえていた。

そういうわけで、話はすこしさかのぼらねばならない。

元末動乱のきっかけを作ったのは、明教《めいきょう》、弥勒教、白蓮教などの民間宗教である。

本来は、明教はマニ教の流れを引き、弥勒教と白蓮教は仏教の浄土宗に由来するらしいが、このころには三つがごっちゃになって、「天下大乱ののち弥勒仏（もしくは明王）が現われて世を救う」と説く俗信になっていた。天下大乱がユートピア実現の前提なのだから朝廷にとっては危険思想である。

騒ぎをおこした人物は主なのが二人いる。

一人は彭瑩玉《ほうえいぎょく》という坊主である。至元四年（一三三八）、太祖が十一歳の年に、周子旺《しゅうしおう》という弟子をかついで袁州《えんしゅう》（現在江西省）で教徒五千人をひきいて叛乱をおこした。チョッキの背中に「佛」という字を書いたのを教徒たちに着せ、これを着ていると槍も刀も平気、というふれこみであったが、すぐに鎮圧され、周子旺は殺され、師匠はうまく逃れた。

十三年後の至正十一年（一三五一）、彭瑩玉は蘄州《きしゅう》（現在湖北省）に姿をあらわし、こんどは徐寿輝《じょじゅき》という男をかついでこいつを皇帝に仕立てた。この徐寿輝は布の行商人で、図体が大きいというほかにはこれといって取柄のない男であったが、裸で行水をしている所を見たら後光が射していた、と言って皇帝にしたのである。国名は「天完」、年号は「治平」。

徐寿輝は九年後の至正二十年（一三六〇）に部下の陳友諒《ちんゆうりょう》に殺された。陳友諒は漁民の子で、少し字が読めるので盗賊に投ずる前は県の吏をしていたという。陳友諒が代って皇帝になり国名を「大漢」と改めた。この徐寿輝・陳友諒らが現在の湖北・江西あたりを十数年にわたって支配した。陳友諒は、あとで朱元璋と天下分け目の湖上の大決戦をやることなる。

徐寿輝を皇帝に仕立てた黒幕の彭瑩玉坊主は、その後どうしたか、あまりよくわからない。まもなくどこかで死んだらしい。

——とわたしは外国人だから気楽に言ってられるが、革命後の中国では、なにしろ元末農民革命の最初の指導者のことだから重大問題である。呉晗《ごがん》という学者などは、人民共和国建国前についうっかりと気楽にあつかってしまったものだから、建国後に深刻な自己批判をしている。

この人は、建国前に重慶で『明太祖』という本を書き、建国後にそれを改訂した『朱元璋伝』という本を出しているが、その自序にこうある。


前の本で私は重大な誤りを犯した。超階級思想でもって堅強不屈の西系紅軍組織者彭瑩玉和尚を叙述したため、軽率にも不充分な史料にもとづいて、彼が功成って身退いたとしてほめたたえたが、これは、革命は半途にして廃してよく、徹底的に革命しなくてよいと考えたものであった。このまちがった観点は、解放区へ行ってから、理論的に啓発され、私はまちがいを承認した。翌年北京へ帰って発憤して研究したところ、はたして過去に注意しなかった史料を発見した。彭瑩玉は最後まで戦い、元軍に殺されていたのであった。

先に「革命家は最後まで戦う」という「理論」があり、それに合わせて史料をさがすのだからたいへんである。この極端な恐れ入りようを見ると、呉晗を「理論的に啓発」したのは毛沢東その人であったかもしれない。毛沢東は歴史好きだし、特に昔の帝王には関心が深かったから、呉晗の『明太祖』を読んでいて彼を引見した可能性はあるだろう。

結局呉晗は毛沢東に信用されず、この序文を書いた二年後に殺された。ただし理由は『明太祖』ではなく、『海瑞罷官』という歴史戯曲である。

なお今日の研究でも、彭瑩玉の死については諸説があり、孫正容『朱元璋系年要録』は「至正十八年に陳友諒に殺された」とする『豫章漫抄』の記事を採用している。

## 紅巾軍

叛乱のきっかけを作ったもう一人は、韓山童《かんさんどう》という、代々白蓮教の家元みたいな家柄の男である。この男を、劉福通《りゅうふくつう》、杜遵道《とじゅんどう》らの教徒がかついで「韓山童は宋の徽宗《きそう》皇帝の八代目の孫だ」と称して、至正十一年（一三五一）に叛乱をおこした。元王朝を倒してその前の宋を復興するというわけである。しかしすぐに官軍に鎮圧され、韓山童は殺されてしまった。

劉福通らは潁州《えいしゅう》（現在安徽省）へ逃げて再度旗あげし、頭に紅い頭巾を巻いて目印とした。これが「紅巾軍」のはじまりである。紅巾軍は、単に紅巾、あるいは紅軍とも言い、また白蓮教では祈禱をする時に香を焚くことから香軍ともいう。

数か月後にずっと西のほうで旗あげした彭瑩玉、徐寿輝らも頭に紅巾を巻いたので、劉福通らを東系紅巾軍、彭瑩玉らを西系紅巾軍と言っている。

翌至正十二年二月、定遠《ていえん》という町（現在安徽省）の大商人郭子興が、仲間たちとともに、劉福通に呼応して騒動を始め、近くの濠州《ごうしゅう》という町を占領した。あとで太祖の義父になる男である。

この郭子興は、元末の大盗のなかでは珍しく親の代からの財産家だが、やくざっぽいことの好きな人だった。伝記には「長ずるに及んで俠に任じ、賓客を喜ぶ」とか、「家財を散じて陰に豪傑と結ぶ」などとある。「賓客」とは、居候、子分である。「豪傑」とは各地のならず者である。

つまり親分かたぎの人であった。それが、世の中が騒がしくなってあちこちで火の手があがったので、じっとしていられなくなって、「よし、いっちょうオレも」と動き出したわけだ。

他の四人の親分衆といっしょに旗あげしたのだが、濠州を占領するとまもなく、他の四人と反目するようになった。自分一人が親分でないと気に食わないのである。伝記にも「性は悻直《こうちょく》にして容《い》るること少なし」という。坊っちゃん気質の抜けない人であった。

この濠州は朱元璋がいた寺のすぐ近くである。郭子興たちが濠州を取った翌々月、朱元璋は一人で濠州へ出かけて行って、郭子興の軍に投じた。だから彼は、直接には郭子興の配下、大きくは東系紅巾軍の一員となったわけである。

## 人相の悪い志願者

太祖という人は、体が大きくて、ずいぶん人相が悪かったらしい。おでこが出ていて、あごが張り出していて、鼻が大きいので、横から見ると「山」の字を倒したよう、その上目が吊りあがって、恐ろしい顔つきであったという。

そういう醜怪な坊主が一人でのそのそと濠州城へ入ってきたので、城門警備の兵士たちが「あやしいやつ」とひっとらえて縛りあげ、すんでに斬られそうになったところへ大将の郭子興がやってきて兵士たちを叱りつけ、自分の陣屋へつれて帰った。太祖の「状貌奇偉にして常人に異なる」ところを、兵士たちはあやしんだが、郭子興は「うむ、見どころのあるやつ」と見ぬいたというのである。

右の次第は太祖自身の回憶にもとづいて各史料のひとしくしるす所だが、太祖と郭子興の出会いをやや誇張して劇的に仕立てたものかもしれない。盗賊志願者の人相が悪いといって一々斬っていては盗賊団は成り立たない。

しかし、郭子興が太祖のことをいたく気に入ったのは、これはたしかである。すぐに分隊長クラスに取り立ててやったのみならず、自分の養女と結婚させた。

郭子興には、馬《ば》という姓の親友があり、この人が死んだのでその娘をひきとって自分の娘として育てていた。それを太祖にめあわせたのである。太祖の四つ年下であった。これで太祖は、大将の義理の息子ということになり、いっぺんに地位があがった。

この女性がのちの馬皇后《ばこうごう》だが、この人はなかなかよくできた人だったらしい。皇后になってからも、夫の食事は自分が面倒を見るような人だった。太祖は英雄の例にもれず妻妾はたくさんいたが、終始この馬氏を尊重した。馬皇后は五十一歳で病気で死んだのだが、病気になっても医者にみせず薬をのまなかった。医者にみせ薬をのんで治ればよいが、治らずに死ねば太祖はおこって医者を殺すにきまっている。それを心配したのである。馬皇后が死んだあと、太祖は十六年生きたが、あとの皇后は立てなかった。

## 太祖二十四人衆

やはり東系紅巾軍の一部隊で、李二《りじ》、趙均用《ちょうきんよう》、彭大《ほうだい》という三人の大将が率いたのが、濠州のずっと北の大都市徐州を占拠していた。太祖が郭子興の配下になって半年ほどのち、この連中が官軍に負けて李二は殺され、趙均用と彭大の二人は濠州へ逃げこんできた。この二人は、盗賊としての格は郭子興などより上である。

郭子興は、もともといっしょに旗あげした四人、特にその一人の孫徳崖《そんとくがい》という男と反目しておもしろくなかったのが、さらに逃げこんできた二人が頭上に乗っかる形になって、さっぱり意気あがらなくなった。

太祖は濠州にいたのでは芽が出ないと見て、郷里へ帰って数百人の若者を集め、これを率いて、独立部隊として動きはじめた。

この数百人のなかに、特に太祖がたよりにした若者が二十四人いる。のちに太祖の勢力が大きくなると、あまたの英雄豪傑、謀士策師が周囲にあつまってきたが、核になったのはこの同郷の二十四人であった。

その二十四人の中でもトップに立つのが、徐達《じょたつ》という、太祖より四つ年下の男である。百姓のせがれで、二十二の時に太祖の子分になったのだが、のちに「開国功臣第一」に列せられた優秀な武将であった。

天下を争っていた時も、王朝を建ててからも、太祖は大事な戦争には必ずこの徐達を総大将にしてまかせている。それだけ太祖に対して忠誠でもあり、将軍として有能でもあった。建国後は公爵に封ぜられた。「戦えば勝ち、しかも誇らず、婦女も財宝もほしがらず、中正にして欠ける所なきは大将軍一人のみ」と太祖はこの人をほめちぎっている。

徐達をあげた以上、名コンビとして落とすわけにゆかないのが、常遇春《じょうぐうしゅん》である。

この人は二十四人衆の一人ではなく、ちょっとあとに太祖の配下になった人である。出身地はやはり濠州の近くの懐遠《かいえん》という所。もとは劉聚《りゅうしゅう》というケチな盗賊の子分だったが、親分の器量が小さいのに見切りをつけて脱退し、田んぼの畦《あぜ》で寝ていたら、夢に神様が現われて「起きろ起きろ、おまえの主君が来た」と起してくれた。顔をあげると太祖がやってきたので配下に加えてもらった、という。時に二十六歳であった。その後次々に手柄を立てて、徐達につぐ将軍に出世した。

この人は強かった。徐達を沈着な将軍とするなら、常遇春は勇猛な将軍である。戦争をするのが楽しくて楽しくてしようがない、という人であった。だから全部勝った。太祖も「百万の衆に当り、鋒《ほう》を摧《くじ》き堅《けん》を陥《おと》すは副将軍に如《し》くもの莫《な》し」と言っている。強いという点では徐達より強かった。

ところが洪武元年（一三六八）、徐達と共に元の大都を陥して、翌年さらに順帝（元の最後の皇帝）を北方へ追撃して打ち破り、凱旋《がいせん》する途中、病気になってすぐ死んでしまった。四十歳であった。伝記を読んでいると、こんなに強い人がこう簡単に死ぬものかと、あっけにとられるくらいである。論功行賞が間にあわず、死んだあとで開平王に封ぜられた。功臣廟での順位は徐達についで第二位である。

やはりこのころ太祖が配下に加えた同郷人に李善長《りぜんちょう》という人がある。この人は学者である。つまり太祖の文人秘書第一号である。年は太祖より十四も上で、子分になった時すでに四十歳であった。自分のほうから太祖に会いに行って「あなたは漢の高祖のように天下を取れる人だ」と言ったので、太祖はいたく喜んで以後身辺に置いた。田舎学者出身ではあるが、なかなかの切れ者であった。

徐達・常遇春が軍をひきいて戦争に行くと、この人は後方で戦略を案じ、兵站《へいたん》や財政を切り盛りした。文の功臣としてはこの人がナンバーワンである。高祖の臣下で言えば蕭何か張良、『水滸伝』なら呉用、共産党なら周恩来、という役どころであった。建国後は徐達と共に公爵になった。

若き太祖は、これら信頼できる同郷人で自分の集団を作って、天下取りに加わっていったのである。

## 実力第一、序列は三位

太祖は、至正十四年(一三五四)に徐州(現在江蘇省)を取り、翌年和州(同、長江の北岸)を取った。このころには軍勢も数万になっている。

この和州で郭子興が死んだ。

それはこういう次第だ。

太祖が和州を取ると、孫徳崖が身をよせてきた。この孫徳崖は、郭子興と共に旗あげし、その後大の不仲になった男である。

そこへ郭子興も身をよせてきた。これで騒動がおこらなければおかしい。

郭子興は孫徳崖をつかまえて殺そうとした。それと知った孫徳崖の子分たちが太祖をつかまえた。「そっちがウチの親分を殺すのなら、こっちはおまえの所の若大将を殺すぞ」というわけだ。

幸いにして郭子興はまだ孫徳崖を殺していなかった。ゆっくり楽しみながら殺すつもりで、孫徳崖を縛りあげて引きすえ、そのくびに縄をかけて、舌なめずりしながらチビチビ酒を飲んでいた。

そこへ知らせが来たので、やむなく郭子興は人質交換に応じて、孫徳崖を釈放した。せっかく口へ入れかけたごちそうをさらわれて、落胆のあまり郭子興はにわかに気力がおとろえ、ほどなく死んだのである。

それにしても、郭子興がもうすこし早く孫徳崖を殺していたら、朱元璋も殺されて、大明帝国はできないところであった。

同じころ、紅巾軍の創始者劉福通は、教主韓山童の遺児韓林児《かんりんじ》をさがし出して皇帝にし、国を立てた。国号は「宋」、韓林児は「小明王」と号した。白蓮教（ないし明教）では「天下大乱ののち明王が現われて世を救う」と言う。その明王の韓山童はすでに死んだので、その子を「小明王」としたわけである。

太祖の軍は紅巾軍の一部隊なのだから、この小明王政権の管轄に属することになる。小明王は、郭子興のむすこの郭天叙《かくてんじょ》を軍の「都元帥」（「都」は「総」の意、つまり総司令官）、郭子興の妻の弟の張天祐《ちょうてんゆう》を「右副元帥」、太祖を「左副元帥」に任命してきた。当時は右が上だから、太祖はナンバースリーである。順序としてこうなるのは仕方ないが、事実は自分が大将なのだから太祖としては大いに不満であった。

**掠奪禁止で人気上昇**

太祖は次の攻略目標を集慶《しゅうけい》（南京）に定め、長江を南へ渡って、まず太平《たいへい》（現在安徽省当塗）という町を取った。

この町に入るに際して太祖は、秘書の李善長に「掠奪を禁ず」という布告をたくさん用意させ、町に入るとすぐ各所に貼り出すと共に、巡察隊を出した。兵隊たちはびっくりしたが、一人の兵士が「よもや本気じゃあるまい」と掠奪したらたちまち首を斬られたので、兵隊たちはふるえあがったという。

当時の本を読んでいると「子女玉帛《しじょぎょくはく》」ということばがしょっちゅう出てくる。「子女」は女、「玉帛」は財物である。盗賊というのは、なるべく豊かな町を占領して、この「子女玉帛」を手に入れることを目的、ないしは楽しみとする集団である。ふつうの盗賊はそれで十分なのだが、しかしそれでは天下は取れない。天下を取るには人気が必要だからである。太祖がこの太平の町で掠奪を禁じたことは、目標が一段アップしたことを示している。

当然のことながら太平の町での人気は上々で、財産家たちが賛助金を集めて献上したので太祖はこれをすべて兵士たちにわけ与えた。

また、李習《りしゅう》、陶安《とうあん》などの著名学者が当地の有力者をつれて参上し、「他の豪傑たちの志は子女玉帛にあって民を救い天下を安んずるの心がないが、将軍の行いは天意に順《したが》うもの」とほめたたえ、太祖の幕下に加わった。陶安に今後の戦略方針をたずねると、南京を取って本拠とするのがよい、と太祖の胸中にぴったりの返事をしたので太祖は大いにわが意を得た。

中国では、知識人とは、その地方の地主であり、資産家であり、勢力家であり、オピニオンリーダーである。この人たちの支持がなければ天下は取れない。取っても安定しない。掠奪禁止の効果は上々であった。

李習は太平府の知事に任ぜられたが、すでに八十餘歳の高齢であったので、ほどなく死んだ。

陶安はこののち太祖の有力な参謀となり、建国の年に五十九歳で病死した。これも公爵を贈られている（『明史』本伝による。洪武四年死去説もある）。

## 首都南京

太祖が太平を取ってまもなく、義兵元帥陳埜先《ちんやせん》という者のひきいる数万の官軍が攻めてきた。徐達がこれを迎えうち、陳埜先を生けどりにした。大将がつかまったので全軍が降服した。陳埜先は太祖と共に天地に誓いを立てて、太祖配下の大将になった。

この「官軍」というのがよく出てくるが、たいてい本当の朝廷軍ではない。

何べんも言うようだが、盗賊の目的は「子女玉帛」にある。子女や玉帛を持つ者としては、黙って取られているわけにもゆかぬから連合して自衛軍を組織する。朝廷はこれに

「義兵」という名を与えて、官軍として認可するのである。「義兵元帥」というのはそういう私設官軍の大将である。

至正十五年（一三五五）九月、太祖は、都元帥郭天叙、右副元帥張天祐、それにこの降将の陳埜先に大軍を与えて南京を攻めさせた。南京城外に至ると、陳埜先はまた寝返り、郭天叙と張天祐を殺した。攻撃軍は大敗した。

さすがの太祖もこの時ばかりはドジを踏んだのかというとそうではない。反対である。これより先、陳埜先には、心から太祖に従っているのではない兆候が種々あった。南京攻めに際して太祖は陳埜先を呼んで言った。「人にはそれぞれ考えがある。元王朝に従うか私に従うか、それはおまえ自身の決めることだ。無理強いはしない」。陳埜先は「決して裏切りはいたしません」と誓って、先発部隊として出発した。そしてやっぱり裏切ったのである。

先にも言ったように、太祖は自分の軍においてナンバースリーという不自然な位置にある。頭の上の郭天叙と張天祐はいずれ片づけねばならない。しかし太祖にとって、郭天叙は、義父であり大恩人である郭子興の嫡子である。張天祐は郭子興の義弟である。直接手は下しにくい。だから陳埜先と共に南京を攻めさせたのである。はたして陳埜先は太祖の期待にこたえてくれた。誰が見ても、悪いやつは裏切り者陳埜先であって太祖ではない。

陳埜先としては太祖の裏をかいたつもりだったろうが、実は太祖の掌《てのひら》の上で踊っていたのであった。

この戦いで太祖は二万の兵を失ったが、兵隊なんぞはまたいくらでも集まる。目の上の二つのタンコブがいっぺんにとれて、太祖は大いばりで都元帥、つまり名実共にナンバーワンになった。これくらいの芸当ができないと、なかなか天下は取れない。

翌年三月、太祖は自分で南京を攻め落として、ここに本拠をかまえた。以後ここから本拠を移さず、建国後もここが明帝国の首都となる。

陳埜先は妙な形で太祖の野望に貢献したが、義兵元帥からほんとうに太祖の有力な武将になった人もある。康茂才《こうもさい》という人である。この人は地主・文人で、郷土を防衛するために義兵を組織し、しばしば盗賊を打ち破ったので、元朝廷から元帥に任ぜられた。太祖が長江を渡った際には、対岸で迎え撃ってずいぶん太祖の軍を苦しめている。しかし太祖が南京を取ってからは連戦連敗し、ついに三千の手兵をつれて降参した。太祖の前へ出て「これまでのいくさはお互い主《あるじ》あってのゆえ」と言うと、太祖は笑って「わかっておる」と言った。太祖配下の将軍になってからは各地の戦いに出て武功を立て、洪武三年、徐達に従って甘粛《かんしゅく》地方を討伐しての帰途、五十七歳で死んだ。公爵を贈られている。

なお、郭子興にはもう一人郭天爵《かくてんしゃく》という子があってこれも太祖の軍に属していたが、至正十八年に謀叛を企んだとして殺されている。じゃまな者は容赦なく取除き、役に立つ者は寛容に迎え入れるというのが太祖のやりかたであった。

## 四人の高級秘書

南京を取ったあと、太祖は周辺の都市を一つ一つ収めて行った。徽州《きしゅう》（現在安徽省歙県）という重要都市を取った時のことである。太祖は朱升《しゅしょう》という老学者を訪問して天下の計を問うた。朱升は「高築牆、広積糧、緩称王」という「九字の計」を授けた。これが以後の太祖の戦略構想の基礎となる。

「高く牆《しょう》を築く」は、城壁を堅固にする、防備を固める、ということである。「広く糧を積む」は、食糧をたくわえる、経済的土台を強化するということである。「緩く王を称す」は、皇帝になることを急がない、ということである。言ってみればどれも平凡なことだが、天下の大計というのはえてしてそういうものなのだろう。

毛沢東はこの朱升の「九字の計」がお気に入りだったらしい。一九七三年一月一日、朱升のまねをして「深挖洞、広積糧、不称覇」という九字の大号令を発している。「深く洞を挖《ほ》る」は、ソ連の空襲にそなえて深い防空壕を掘れ、ということである。高い城壁では爆撃のそなえにはならないから防空壕に変更したわけだ。「広積糧」は朱升そのまま。「覇を称《とな》えず」は朱升の「緩称王」を少し手直ししたものである。

この大号令のもと、全国の都市で一斉に巨大な規模の防空壕が掘られたが、格別役にも立たず、現在は、あんまりもったいないから地下の町工場やダンスホールに利用されている所もあるとのことである。しかし、毛沢東がマルクスやレーニンよりも自国の歴史に深く学んだことは、このことによってもわかる。

閑話休題。

南京の本拠から兵を出して現在の浙江省方面を攻略した際、太祖は四人の高級知識人を幕下に加えた。劉基《りゅうき》、宋濂《そうれん》、章溢《しょういつ》、葉琛《しょうしん》である。

太祖が身辺に招いた知識人は多いが、なかでもこの四人は特別大物で、彼らに対しては太祖が敬して「先生」と呼んだので「四先生」といわれる。いずれも陶安などよりはさらにずっと格上の名望家である。この四人を加えた時、太祖は陶安に見解をたずねた。陶安は「私は、謀略においては劉基に及ばず、学問においては宋濂に及ばず、治民の才においては章溢、葉琛に及びません」と答えている。

特に宋濂と劉基は当時の大学者である。

宋濂は招かれた時五十一歳。この人は太祖や息子たちの学問の師となり、あるいは日本でいえば文部大臣のような職につくなど、学問で太祖に仕えた。

劉基は招かれた時五十歳。この人は優秀な戦略家で、以後太祖の参謀長のような役をつとめた。太祖はこの劉基に対してはいつも「老先生」と呼んでいた（「老」は最高の敬称である）。戦略を練る時は、太祖は劉基一人だけを自室に招き、常に密議数刻に及んだという。

こういう高名な学者を幕下に加えることは非常に効果が大きい。直接役に立つだけではなく、知識人のあいだに声望があり影響力があるから、太祖の格があがるのである。単なる盗賊の親分ではなくなる。

元末の朱元璋と明末の李自成とをくらべて、なぜ朱元璋は成功し李自成は失敗したのか、という時、よくこの知識人の差があげられる。李自成が敗れた主因はあとでのべるように国際関係だが、たしかにこの知識人の差も見おとせない。

なぜ朱元璋のまわりには知識人が集まったのか。

第一に、太祖が本拠とした長江下流域は、中国の学問文化の中心であって、そもそも学者が多い。第二に、知識人が盗賊に加わるということは本来非常に抵抗が大きいのだが、太祖の場合は、彼が天下を取るということはすなわちモンゴル人の元王朝を倒すことだから、漢民族の復興ということで知識人が参加しやすかった——すくなくとも李自成に加わるよりは抵抗が小さかったのである。

## 湖上の決戦

この当時、北には元朝廷がなお健在であり、亳州《はくしゅう》（現在河南省）には小明王の「大宋」があり、南方には群雄が割拠していたが、南京の太祖にとって最も危険な敵は西方（長江上流）の陳友諒の「大漢」と、東方（長江下流）の張士誠の「大周」であった。もしこの二つが連絡をとってはさみうちにしてきたら南京政権は支え切れない。両正面へ同時に兵を出す力もない。張士誠はどちらかといえば保守的だから、より侵略的な陳友諒との戦いにまず全兵力をふりむけよう、というのが劉基の考えで、太祖もこれに賛成した。

至正二十年（一三六〇）の閏《うるう》五月、陳友諒は千艘《そう》をこえる軍艦に数万の兵をのせて南京へ攻めてきた。この時は首都放棄論から投降論まで出たほどであったが、劉基は「放棄・投降論者を斬って徹底抗戦」を進言、しかも「陳友諒を誘って攻撃を急がせる」という奇策を出した。ゆっくり攻撃されてそのうちにうしろから張士誠が攻めてきたらたまらないからである。もと義兵元帥の康茂才が内応の密使を送って陳友諒を誘うという謀略が用いられ、陳友諒はうまうまとこの手に乗って急攻撃をかけ、伏兵にあって大敗した。

翌年八月には逆に太祖が陳友諒の本拠江州（現在江西省九江）を攻めおとし、陳友諒は武昌へ逃げた。

至正二十三年（一三六三）七月から八月にかけて、鄱陽湖《はようこ》上で双方が数百艘の軍艦を出しての最後の決戦が行われ、陳友諒が戦死して、四年にわたった戦争にようやくかたがついた。

## 張士誠の敗退

張士誠は、その経済力・軍事力からいえば多分最も天下を取る可能性の大きかった男である。

この人は、もともと塩密売者であった。

塩は生活必需品、あるいはむしろ、人間の生命維持必需品であるが、中国ではとれる所がきまっている。沿岸部と、あとは内陸の数か所で岩塩がとれるだけである。原価は安いものである。歴代王朝はこれに目をつけて、塩を政府専売とし、原価の数十倍の値段で売った。歴代政府の財政収入の大きな部分を塩の専売利益が占めている。

必然的に密売者が発生する。政府価格の半分、三分の一で売っても莫大な利益があるからである。政府はもちろんこれをきびしく取締る。密売者たちは組織と情報連絡網を作ってこれに対抗する。この組織が、王朝末期の混乱期には容易に盗賊の組織に転化するのである。著名なところでは、唐末の黄巣《こうそう》——一時は都長安を取って「大斉」帝国を建てたあの大盗賊も、塩密売者であった。

張士誠はもと白駒場《はくくじょう》(現在江蘇省)という塩の産地の人で、至正十三年(一三五三)に弟や仲間と共に騒ぎをおこし、高郵《こうゆう》という町を取って自分の国を建てた。国号は「大周」、みずから「誠王」と称した。その後長江を南へ渡って長江下流域一帯を制圧し、平江《へいこう》(蘇州)を国都としてここに居坐った(なお国号は、その国がみずからを称する際、すなわち正式国号にはみな上に「大」がつく。「周」は自称としては「大周」である。「唐」の自称は「大唐」、「明」の自称は「大明」等みな同じです。中国にかぎったことではない。戦前の日本も日本自身の正式国名は「大日本帝国」だった。いまでも、韓国は「大韓民国」。英国も自称はGreat Britainでしたよね)。

この長江下流域一帯、いわゆる江南地方は、昔から今日にいたるまで、中国の経済と文化の中心である。物産が豊かで生活水準が高い。したがって学問や文学芸術がさかんで、学者文化人が多い。

張士誠が取ったのはそういう中国で一番おいしい所である。彼はそれを満喫することで足れりとした。だから、周辺へ手をひろげるくらいのことはするが、遠く北方へ兵をひきいて出撃し、元朝廷を覆滅して天下を手中にする、などというめんどうくさいことは考えなかった。『明史』に「器量有るに似て実は遠図なし」と評するゆえんである。それどころか一時は、元朝廷から「太尉」の位をもらい、江南の米を海路北京へ送るのとひきかえに領土を安堵してもらっている。

知識人のあつかいも太祖とはちがう。太祖は自分の身辺に呼びよせて職位を与え、戦略、財政、治民などにあたらせた。張士誠は、これまでどおり自由に学問や文学をやらせておき、それと交際して楽しむという風である。

軍隊に対するあつかいもおだやかで、負けて帰ってきた将軍でも、ねぎらってやり、時には昇格させてやったという。よく言えば温厚で寛容な、悪く言えばズボラで軟弱な首領であった。愈本という人が言っている。一番国力があったはずの張士誠が競争に敗れたのは「恩を施すを知って威を施すを知らず、取るの易きを知って守るの難きを知らざるのゆえである」と(『国初群雄事略』所引)。

西の陳友諒をほろぼしたあと、太祖はこんどは全力を東に注ぎ、張士誠支配下の都市をつぎつぎとおとして、至正二十六年(一三六六)十一月、今や孤城となった蘇州をひしひしと囲んだ。蘇州は二百七十八日間持ちこたえて翌年九月に陥落した。この間将士の離反する者一人としてなかったというから、張士誠は部下に慕われた首領ではあった。

太祖の兵たちはみな「民の財を奪う者は死、民の家をこわす者は死、軍営を二十里離れる者は死」と書いた木の札をかけて蘇州に入り、軍規厳正で居民に対する危害はまったくなかったという。

張士誠はとらえられて南京へ送られた。途中ずっと目をとじたまま何も食べなかった。太祖に会うと「太陽は君を照らして俺を照らさなかった」と言って、首を吊って死んだ。——もっとも張士誠の死については他に、棒で叩かれて死んだ、弓の弦で首をしめられて死んだ、などと書いてある史料もある。

## 大明帝国

張士誠を蘇州に囲んでいるころ、太祖は腹心の水軍将帥である廖永忠《りようえいちゆう》に命じて、小明王を迎えにゆかせた。

このころ、小明王の「大宋」朝廷はすっかり衰えて、わが戦国時代の足利幕府のような名目だけの存在になっていたが、しかし形の上ではあくまで太祖は小明王の臣下である。臣下として、今や南方の中心となった南京へ君主をお迎えしようと申し出たわけだ。

廖永忠は小明王を船にのせて連れてくる途中、船をひっくり返して小明王を殺してしまった。大宋朝廷は十二年にしてほろび、太祖はもはやだれの臣下でもなくなった。

廖永忠はこの九年後に太祖から自殺を命ぜられた。理由は「不届きのこと種々あり」というあいまいなものである。口をふさいだとか、いや廖永忠が小明王暗殺をかさに着ていばりすぎたからだとか、いろいろ言われているが、はたして直接の関連があるのかどうかわからない。

張士誠をほろぼすとすぐ、太祖は、徐達を征虜大将軍、常遇春を副将軍として、二十五万の北伐軍を出した。

張士誠をほろぼした次の年の正月、太祖は皇帝の位についた。国号は「大明」、明王の「明」をとったものである。年号は「洪武」、すなわちこの年が明の洪武元年（一三六八）である。

北伐軍は快調に進撃して八月には元の大都を陥し、元王朝はほろびた。

## 粛清はじまる

太祖は、二十五歳で紅巾軍の一員になってから十六年目、四十一歳で皇帝になり、七十一歳で死ぬまで三十年間皇位にあった。

この間太祖は、自分が皇帝の座に登るのを助けてくれた功臣たちをつぎつぎに殺している。常遇春、康茂才、陶安のような建国まもなく病死した人はもちろん別であるが、それ以外はたいていやられた。天寿をまっとうしたのは大将軍の徐達くらいのものだと言われるほどである。徐達は、洪武十八年（一三八五）、五十四歳で病気で死んだ——と正史である『明史』に書いてある。

もっとも『翦勝遺聞《せんしょういぶん》』という野史にはちがうことが書いてある。

――徐達が病気になり、一時あやうく見えたのが持ちなおして快方にむかうと、太祖はごちそうを作らせて見舞いとしてとどけた。徐達は太祖からのお見舞いと聞くと涙を流しながらこれを食べ、侍医たちに逃げるよううながして数日後死んだ。つまり徐達は、太祖のお見舞いと聞いてすぐ毒入りであることを悟ったが、甘んじてこれを食ったのだ。太祖は徐達が死んだと聞くと、はだしで泣きながら徐達の邸にかけつけ、かけがえのない臣下を死なせたと医者たちを殺した――というのである。これはまあ、徐達ほどの忠臣でも「狡兎《こうと》死して走狗《そうく》煮らる」の悲劇はまぬかれなかった、というオハナシであろうけれども。

ともかく、「開国功臣第一」の人についてさえそんな話がささやかれるほど、太祖は功臣を殺した。その最も大規模なものが、胡惟庸《こいよう》事件、李善長事件、藍玉《らんぎょく》事件である。

胡惟庸という人は、太祖のごく初期からの臣下の一人である。至正十五年、太祖が二十八歳の時に幕下に加わっている。前身はよくわからないが、ずっと行政方面を担当しているところを見ると、やはり文人出身なのであろう。なかなか腕利きの官僚であったらしい。

建国後、洪武六年（一三七三）には丞相《じょうしょう》つまり総理大臣になって位人臣《くらいじんしん》をきわめたが、同十三年、謀叛を企てたとして殺された。この時連累《れんるい》して死刑にされた者は一万五千人に達した。最初の大粛清である。

この五年前、洪武八年に、太祖の参謀長であった大学者の劉基が病死しているが、これは胡惟庸が毒殺したのだと『明史』には書いてある。劉基が病気になると胡惟庸が医者をつれて見舞った。その医者の処方した薬を飲むと、腹に石のような塊ができて死んだのだそうである。

いったい劉基という人は気位が高くて、太祖の同郷の配下たち（胡惟庸もその一人）を無学の田舎者と軽蔑していたから、太祖の子飼いの子分たちが劉基を嫌っていたのは事実である。もっとも、清初の大学者銭謙益《せんけんえき》は、太祖が胡惟庸に毒薬を持って行かせたのだと言っている。もう天下を取ってしまった以上、学を誇って百姓や盗賊あがりをばかにする大先生はうるさくなったのかもしれない。

なお、胡惟庸は悪企みをするにあたって、なんと日本軍に応援を求めている。配下の、寧波《ねいは》守備隊長林賢《りんけん》を日本へ出張させて、援軍を要請しているのである。頼まれたのは、南朝の後醍醐天皇の皇子で当時九州を支配していた懐良《かねなが》親王である。

どうも、当時の中国人は、九州を「日本」と思っていたらしい。逆に、本州のほうは

「別島」と呼んで附属の島あつかいである。当時、九州男児たちが海を押し渡ってしばしば中国や朝鮮を荒した。いわゆる「倭寇」である。中国や朝鮮の政府は九州の支配者である懐良親王に苦情を申し入れる。それに対して懐良親王が「日本王」の名で返答するものだから、あちらではてっきり懐良親王が日本の王様だと思っていたわけだ。

その「日本王」は林賢の要請に応じて、四百人あまりの兵に火薬と刀剣を持たせて派遣したが、都のほうで胡惟庸がつかまってしまったので戦争にはならなかった。

それにしても、いかにわが九州男児が強いといっても四百人やそこいらでどれだけ役に立ったことであろうかと、やや心もとない感じがしないでもない。

## そして誰もいなくなった

胡惟庸事件は、十年後の洪武二十三年（一三九〇）に至って特大級の餘震が来た。李善長——あの、文官功臣ナンバーワンで大明帝国初代の丞相をつとめた李善長が、胡惟庸の悪企みを知っていながら届け出なかったとの罪で、当人はもとより一族七十数人ことごとく殺され、これにつらなって、トップクラスの功臣多数を含む一万数千人が死罪になったのである。

そしてまたその三年後、洪武二十六年（一三九三）、こんどは藍玉事件というのがおこった。
藍玉は将軍である。かの勇将常遇春の妻の弟でこれも勇猛であった。徐達が死んだあとは大将軍として北辺の戦いにしばしば手柄を立て、公爵を賜わった。しかしもともとならず者あがりの乱暴者だから、太祖が眉をしかめるようなことも多かったらしい。また当人としては、公爵といっても、同じく軍人で公爵の馮勝《ふうしょう》、傅友徳《ふゆうとく》の下で、つまり軍人ランクナンバースリーであることも気に食わなかった。そんなこんなで太祖との間がまずくなり、これも謀叛を企てたとのかどで死刑になった。この時も連坐して殺された一族、軍人、高官など一万五千人にのぼる。

藍玉がヤキモチを焼いた馮勝と傅友徳も、翌年と翌々年に殺されている。もうこのころになると、建国前からの軍人や高官は、まだ生きているのは不都合だと言わぬばかりに片っぱしから殺されてしまう。傅友徳将軍なんぞは何で殺されたのかわけがわからないので、歴史家たちも理由をさがすのに難儀している。

## 可愛い子供が四十二人

太祖がなぜこんなに功臣たちを次から次へと殺したのかといえば、つまりは可愛いむすこや孫たちの将来を安全なものにしてやろうとしたのである。天下を取る時にはいかにもたのもしかった将軍や大臣たちが、天下を取ってしまうと、どいつもこいつも油断のならぬ曲者《くせもの》に見え出したわけだ。

太祖には子供が四十二人いた。男の子が二十六人、女の子が十六人である。四十二番目は女の子で、太祖六十九歳の時の子だから——まあ大したものである。

男の子二十六人のうち九男から二十六男までの十八人は皇帝になってからの子である。洪武元年（一三六八）に即位した時にはまだ八人であった。

太祖は、皇帝になるとすぐ、馬皇后が生んだ長子の標《ひょう》（当時十四歳）を皇太子に立てた。ところが親父の太祖が丈夫で長生きしているうちに、洪武二十五年、皇太子のほうが先に死んでしまった。

この皇太子には男の子が五人あったが、長男はすでに十年前、八歳で死んでいたので、次男の允炆《いんぶん》（当時十六歳）を皇太孫に立てた。

洪武三十一年（一三九八）に太祖が七十一歳で死ぬと、この允炆が二十二歳で第二代の皇帝になった。建文帝《けんぶんてい》である。

この年若い皇帝にとっては、こんどは二十何人もいる叔父さんたちがどいつもこいつも怪しく見える。

これらの叔父さんたちは、「王」という位をあたえられて各地に領地をもらい、そこに住んでいた。太祖としては、要所にむすこたちを配置して中央朝廷の守りとしようとしたわけである。しかし建文帝にしてみれば、叔父さんたちのほうが貫禄が上だから自分の天下を狙っているのではないかと思えてくる。そこでこれら王たちを一つ一つ取りつぶしにかかった。

叔父さんたちも、黙って取りつぶされているわけにはゆかない。なかでもおとなしくなかったのが、太祖の四男の棣《てい》である。この人は「燕王《えんおう》」に封ぜられて、元の都であった北平《ほくへい》（今の北京）にいた。この燕王が、建文元年（一三九九）に叛乱をおこして、四年におよぶ乱戦のすえ、建文四年、首都南京を攻略して天下を奪い取り、都を自分の本拠である北平へ移して北京とした。これが成祖《せいそ》永楽帝《えいらくてい》である。

## 建文帝はどこへ逃げた？

この戦争に関して、昔から二つの大問題――どちらかというとヒマ人にとっての大問題だが――がある。

一つは、成祖のお母さんは誰か、という問題である。もっとも、当人は馬皇后の子であると明言しているし、正史にもそう書いてあるから問題なさそうなのだが、昔から、甥の天下を暴力で奪い取ったとんでもない野郎だ、どうせロクな女の生んだ子じゃない、というわけで、いろいろ説がある。成祖の母親に擬せられているのは、達妃《たつひ》、碩妃《こうひ》、――この二人は太祖の妃だが、元《げん》の最後の皇帝順帝の第三夫人の子だという説まである。元がほろびた時妊娠七か月だったこのモンゴル美人を太祖がものにして、三か月たって生れたのが成祖だというのである。だとすると成祖は純血モンゴル人ということになる。もちろん、今さら本当のことはわからない。

もう一つの大問題は、建文帝はどうなったか、である。これは、南京陥落の際猛火の中で焼け死んだということになっているのだが、これも昔から、建文帝は坊主に化けて地下道を通って脱出し、その後ずっと雲南のほうで坊主をしていたという説がある。太祖は死ぬ前に、万一の時はこれを使え、と坊主の衣裳および小道具一式を孫に残した、というのである。

この説は、実は、建文帝をやっつけた成祖自身が信じていたらしい。成祖は即位して五年目に、腹心の胡濙《こえい》という者を建文帝さがしの旅に出した。それから十六年後に胡濙が帰ってきたのはちょうど夜で、成祖はもう寝ていたが、胡濙が帰った、と聞くとすぐ起きて召し入れ、夜明けまで語り合っていた、と『明史』の胡濙伝に書いてある。もう一つ、建文帝は海外へ高飛びしたという説もあって、成祖は宦官《かんがん》の鄭和《ていわ》に命じて今のインドネシアのあたりまでさがしに行かせている。よほど心配だったらしい。しかしこの件も、今となってはわからぬことである。

そういうわけで明帝国は、成祖の子孫が代々相伝えてこのあと二百五十年ほどつづくのであるが、見方によっては、本来の明帝国は、偉大な爺さんとかわいそうな孫の二代、三十五年ほどでほろびてしまって、あとは成祖にはじまる別の王朝だとも言える。すくなくとも、さすがの太祖も死んだあとまでは思うようにならなかった、ということはたしかである。

# 第三章　人気は抜群われらの闖王《ちんおう》——李自成

## 判官びいき

もし中国で、古今の盗賊の人気投票をやったら、トップは李自成《りじせい》であるにちがいない。それはもう、二位以下に大差のダントツであろうと思われる。

李自成はなぜそんなに人気があるのか。

強くて、しかも負けたからである。

強くて勝ったやつというのは立派ではあるけれど、そうおもしろくはない。

弱くて負けるのは、これはあたりまえである。

強いのに負けたやつ、あるいは勝てなかったやつ、これは人気が出る。中国の諸葛孔明・関羽・張飛、我が国でも源義経とか上杉謙信とか真田幸村とかいろいろいる。

李自成は、一介の駅卒《えきそつ》から身をおこして大盗賊団の首領となり、ついに明王朝を倒して帝位につき、ところがわずか四十日の天下でにっくき満洲族の清《しん》に北京から追い出されて、敗走また敗走、最後は百姓に突き殺されて四十年の波瀾の生涯を終えた、という悲劇の英雄である。

しかも——

李自成が清に負けたというのは、単に李自成個人が負けたというにとどまらない。中国人が夷狄《いてき》に負け、以後二百数十年、屈辱の異民族支配に甘んずることになった、ということなのだ。

李自成は、いわば中国人を代表して負けたのである。人気第一もむべなるかな、と言うべきであろう。

## 満洲族の登場

三百年近くつづいた明帝国の最後の二十年ほど、これも盗賊跋扈《ばっこ》の時代であった。このたびの盗賊は、中国の西北部陝西《せんせい》省、およびその周辺から湧いて出た。

ではなぜ盗賊が湧いたのかというと、その原因は国際関係である。清との戦《いくさ》が原因である。

明帝国は盗賊によってほろびた、といわれる。それはその通りである。李自成が北京を落し、崇禎《すうてい》皇帝が首を吊って明はほろびたのだから。

しかし、そのずっと前から、明の朝廷は、東と北からは清が攻めてくるわ、西と南では盗賊があばれまわるわで、両面に敵を受けて対応しきれなくなっていたのである。それでたまたま、盗賊のほうがすこし早く北京を取った。その二か月後には清が北京に攻めこんできて李自成が逃げ出すことになる。李自成も強かったが清のほうがもっと強かったから、いずれ中国は清に取られる運命だったのである。

清帝国を建てた満洲族は、もとは女真《じょしん》といい、現在の中国東北からロシア領沿海州のあたりにかけて住んでいた（なお日本ではこれを韃靼《だったん》と呼んでいた）。

この女真は、明代には明王朝に服属していた。

ところが明の末に、ヌルハチという英雄が現われて同族を統一し、明に楯突いて「後《こう》金《きん》」という国を建てた。

ヌルハチが死んだあと、八男のホワンタイジがあとをついだが、このホワンタイジが親父以上の英雄で、しばしば中国に攻めこんだ。

東北から中国本土へ入るメインルートには山海関《さんかいかん》という要所がある。この山海関の内がわを関内といって、これが中国である。山海関の外がわは関外といって、中国の領土ではあるが半分外国あつかいである。それは二十世紀に至るまで、だいたいそういう感覚であった。

この山海関は明の軍ががっちり固めていてさすがのホワンタイジも手が出ないので、ホワンタイジはぐるっとモンゴルをまわって北からしばしば中国に攻め入った。これがあとでのべるように陝西・山西で盗賊が発生する原因になる。

もっともホワンタイジは、攻めこんでも取るものを取るとすぐ帰る。取るものとは物資と人間である。すぐ帰るのは、明軍が山海関から出撃して本拠をやられてはたまらんからである。

このホワンタイジが、即位して十年目に、国名を後金から「清」に、民族名を女真から「満洲」に改めたのである。

「満洲」の「洲」を、徐州、杭州などの「州」と同じに思って「満州」と書いたりする人があるが、それはちがう。「満洲《マンジュ》」というのは「文珠《もんじゅ》」なのである。文珠菩薩の文珠である。

女真はチベット仏教を信仰していた。チベット仏教というのは仏教とチベット人の古来の宗教とが結びついたものだが、これがチベットから現在の中国青海省、モンゴル全域から中国東北部まで、たいへん広い範囲にひろがっていた。そのチベット仏教のいろんな仏さまのうちで女真が一番信仰していたのが文珠菩薩であった。この仏さまのサンスクリットの原名はマンジュスリと言うらしい。これを音訳して、女真は満洲《マンジュ》といい、それを自分たちの種族名にしたわけだ。

それともう一つ、国名の「清」といい、族名の「満洲《マンジュ》」といい、みなサンズイがついている。つまりみな水である。

というのが、中国では昔からどの王朝も五行（木・火・土・金・水）のいずれかの徳を持っている。明は火徳の王朝である。火に勝つのは水である。だから国名も族名もみな水にして、明に勝って中国を取る意志を表明したのである(だから満洲を満州と書いたのではせっかくの水分が五割がた減少してしまう)。

## 盗賊大発生

その清が北がわから中国へ侵入してくる。明軍が迎え撃つのだが、なにしろ相手のほうが強いからたいてい負ける。その敗兵が勝手に逃げて盗賊になる。負ける場所はだいたい北京の周辺であるが、そこから西のほうへ逃げて盗賊になるのが多かった。明末の盗賊の出身はいろいろだが、最初の中心がこの逃兵である。

たとえば崇禎《すうてい》元年(一六二八)に北京の東北の柳河という川のあたりで明軍が負けたが、この時出動した官兵十二万、戦死者四百、残った兵隊五万八千とある。全然勘定が合わない。実は六万人以上が逃げて盗賊になったのである。

それから、陝西省の北部の国境あたりにはたくさんの官兵が駐屯している。このあたり、満洲の軍勢が来ないのはいいが、軍費も来なくなった。満洲との戦争にカネがかかって朝廷の台所が苦しくなったのである。給料も出ない、飯も腹いっぱい食わせてもらえないので、こちらでは兵隊が騒ぎをおこす。これを「兵変」という。この兵変をおこして軍営を離脱した兵隊が盗賊になった。

次が駅卒である。これは「駅站《えきたん》」および「裁駅《さいえき》」についてちょっと説明しないといけない。

駅站というのは政府が全土にはりめぐらした通信交通運輸システムである。こんにちの日本で言えば郵便局と運送会社と船会社とをひっくるめて政府が経営しているようなものである。ここに働く労働者諸君が駅卒である。

駅卒になるのは農村で仕事にあぶれた屈強無頼の閑民たちであって、つまり兵隊・盗賊と同じである。

明王朝が駅站システムを整備したのは、二つの目的があったといわれる。一つはもちろん交通運輸を円滑能率的に行うことである。もう一つは無頼の男たちを吸収して毎日長時間重い荷物をかつがせ、へとへとにさせることであった。まさしく一石二鳥である。

しかしこの駅站システム維持は財政負担が大きいので、崇禎二年に人員を六割削減した。これを「裁駅」という（「裁」は減らすということ）。収入がなくなった元駅卒たちが盗賊に身を投じた。

それから飢民である。崇禎年間になってから陝西地方では連年雨が少なく、作物の出来が極度に悪かった。農民たちはまず草を食べ、草がなくなると樹の皮を食べ、それもなくなると石を粉にして食ったが、石というものは冷たくてまずく（そりゃそうだろう）、ちょっと食べるとすぐおなかがいっぱいになり、数日たつと腹が垂れ下がってきて死ぬのだそうである。それで最後の食べものとして人間を食う。当時の記録を見ると、官兵と盗賊との戦いがすむと飢民が群がってきて、戦死者をみんな食ってしまうとおそろしいことが書いてある。この飢民が盗賊になった。

盗賊がふえると、そもそも百姓が畑を作らなくなる。苦労して作っても作物が出来るころには盗賊が来て取ってしまうから、それよりは自分が取るがわにまわったほうが手間がかからなくていい。そんなこんなで、大変な数の盗賊が出来てしまったのである。

かくて北京の明朝廷は、東には清、西には盗賊と、文字通り腹背に敵を受けて対応しきれなくなり、ついに滅亡にいたるのである。

## 流賊とは

明末に中国をゆるがした盗賊は流賊（流寇）である。

盗賊には定着型の土賊（土寇、土匪）と、流れ歩き型の流賊とがある。どっちがこわいかといえば、それはもう流賊がこわい。かりに一地域に米が一粒もなくなり人間が一人もいなくなれば、土賊は困る。流賊は困らない。次の地域へ出かけて行けばよいからである。つまり流賊のほうが、荒しかた、奪いかたがむごくて、徹底しているのである。

もっとも、実を言うと、官兵のほうが流賊よりさらに上である。流賊は、まったく意味のない人殺しを手間をかけてやることはないが、官兵はやる。これを「殺良冒功」(良民を殺して賞を求める)という。官兵は取った首の数で賞をもらうのだが、死んだ首は「私は良民でございます」と内幕をバラしたりしないからである。「賊は梳《す》くが如く兵は剃るが如し」と、当時の人はうまいことを言っている。賊は、頭の髪をクシで梳くような荒らしかただが、官兵はカミソリで剃るような荒らしかただということである。

でその流賊であるが、比較的富裕な町を襲って占拠し、すっかりしゃぶりつくすと次の町へ移ってゆくという方式であるから、これはかなり強くないとできない。襲われる町のほうでも城壁をめぐらして防備をかためている。それをむりやり攻め落すのだから。

流賊の一集団は、通常数万人くらいの規模である。もっともこの数万人が全員武器を持った勇士というわけではない。流賊集団の中で戦士の占める割合というのは、通常だいたい一割程度である。もし三万人規模の流賊なら、戦闘要員(これを「精兵」という)は、三四千人程度というわけだ。

あとの二万五千人以上は何者か。

まず女である。盗賊の目的は子女玉帛であるが、奪った女は、一度楽しんだら放免するとか、殺すとかいうわけではない。つれて歩く。ふつうの戦士で一人、幹部クラスになると三人も五人もつれている。もちろん共有財産ではなく持主がきまっているから、つまりは掠奪結婚した妻である。当然子供もできる。

それ以外にも流賊集団にはたくさんの子供がいる。親をなくした子や家族とはぐれた子を収容するのである。この子供たちは、斥候をしたり伝令をしたりしながら、戦争の中で戦争をおぼえ、次代の戦士としてたくましく育ってゆく。特に体が強くて敏捷で賢い子は、親分クラスが養子にし、親衛隊を組織する。

しかし一番多いのは、人夫というか軍属というか、種々の雑役に従事する男たちである。流賊集団では、戦士一人について五人から十人くらいの雑役夫が必要だという。これらの雑役夫が、武器、食糧、衣類、車輛、馬匹、日常生活用品などの、買いつけ、保管、運搬、補修などはもとより、毎日の食事を作り、行軍中は女子供を運び、宿泊場所を設営し、馬のせわをする。

流賊というのは、これらのすべてを含む一大生活集団なのである。

## 延々数十里の車の列

「精兵」以外の人員および物資を「老営」という。もし流賊が、今日の中国人（および日本の進歩的研究者）が言うように農民革命軍であって農民大衆から擁護されているのであれば、老営なんぞはいらないようなものであるが、実際には流賊は、良民からは怖れられ官軍からは狙われる孤立無援の集団なのであるから、老営は命の糧である。だから流賊は、戦闘が近づくと、まず老営を山中や谷底などにかくす。それから「精兵」が戦闘にむかうのである。激戦の末に負けて、老営が見つかりでもすれば、老営は官兵のうっぷんばらしの殺戮の場となり、悲惨なことになる。

そういうわけで、流賊の行軍を見た当時の人が、延々数十里の車の列とか、流賊の集団が七日七夜かかって村を通過して行った、などと書いているのは、その車に女子供やナベ・カマ、米、ふとんなど一切合財積みこんでぞろぞろと移動しているのである。

また、数万の賊が町を襲った、というばあい、実際に働いているのは数千程度なのであって、あとは後方で息をこらして戦況を見守っているのである。

たとえば崇禎十四年（一六四一）から翌年にかけて李自成は三度にわたって河南の大都市開封《かいほう》を襲った。この時守備側の官員だった李光壂《りこうでん》という人が『守汴日誌《しゅべん》』（「汴《べん》」は開封のこと）という詳しい日記を書いている。それによれば賊の人数は、十四年二月の第一回攻撃の際は「精兵約三千、脇従《きょうじゅう》の衆約三万」、十二月の第二回攻撃は「精賊約三万、脇従の衆四十余万」、翌年四月の第三回攻撃は「歩賊十万、馬賊三万、賊一人につき馬三匹、脇従の衆約百万」とある。いかに「脇従の衆」つまり女子供や後方勤務者が多いかがわかる。これを毎日食わしてゆかねばならぬのだから流賊の首領もたいへんである。

対して守るほうは、兵士は数千程度のようだが、大都市だから一般住民が数十万いる。これが賊にまわりをかこまれて食べ物がなくなり「水草を食い、水虫を食い、便所のウジを食い、泥を食い、馬糞を食い」、それもなくなると「父は子を食い、妻は夫を食い、兄は弟を食っているがとがめだてもできない」というのだから、まあこの世の地獄である。守備側の役人たちも困って、女ならば賊が引き取ってくれるだろうと何万という女を外へ出す。賊のほうでも、忙しい戦争の最中にそう女ばかり来られても困るから、少しづつ米を与えて追い立てる。女たちはもらった米を親や子に食わそうとまた町へもどってくる、とある。

流賊も、襲われるほうも、ほんとに命がけなのである。

## 正史の材料は小説だった

李自成は、十数年にわたって流賊の首領として活躍し、皇帝にまでなった男だが、実は彼とその集団についてはわからぬことが多い。

史料がないわけではない。史料はいっぱいある。にもかかわらず、わからぬことが多い。

その理由は——

第一に、流賊であるから十数年間常に動きまわっている。その範囲は、初めのうち陝西、甘粛、四川などの西のほう、そのうち山西、河南へ進出して河北へ攻めのぼり、おしまいは湖北から湖南と非常に広い。流賊集団はほかにも何十もあって、それらもまた同じ範囲内を動きまわっている。その中で、李自成集団の行程・戦跡を正確にたどることがなかなか困難なのである。

第二に、李自成集団は最後には潰滅してしまったのだから、集団内部、特に中枢にいて、あとで記録を書いたとか歴史家に取材されて昔の活躍を語ったとかいう人がない。つまり集団内部のことがほとんどわからない。

第三に、なにしろ人気者だから、ほろびた直後から、神話伝説に類する話がたくさん作られた。神話伝説といってもなかなか本当らしくできている。もともと材料がとぼしい所へ、いかにも本当らしい神話伝説が広く語られるから、歴史家も信じて採用する。それに、ほかの流賊がやったことでも、流賊なら李自成、ということになると、はなばなしいことはみな李自成のやったことになる。

従来、李自成の研究といえば、誰でも主として依拠するのは呉偉業《ごいぎょう》の『綏寇紀略《すいこうきりゃく》』と計六奇の『明季北略《みんきほくりやく》』という歴史記録であった。この二つはいたってポピュラーな本で流布量が多い。事件の年月日や地名も一々ていねいにしるしてある。特に呉偉業(字は梅村)は清初の高名な詩人である。梅村先生の本ならまちがいなかろうという安心感がある。

ところが最近になって、だんだん精密な研究が進むにつれて、この二つの本が実にあてにならぬものだということがだんだん明らかになってきた。極端に言えば、『綏寇紀略』に書いてあることならまず眉にツバをつけてかからねばならない、と言ってもいいくらいである。

それと、一般に歴史上の人物や事件について調べようとする時、誰でもまず見るのは正史である。李自成なら『明史』の「流賊伝」である。ところがこれが、全面的に『綏寇紀略』と『明季北略』を材料として書かれているのだから、まるっきり役に立たない。

二十世紀になって、第一次李自成ブームをおこしたのは、一九四四年に郭沫若が書いた『甲申三百年祭』という文章である。李自成が明王朝を倒した崇禎十七年(一六四四)が甲申の歳であり、一九四四年はそれからちょうど三百年目の甲申の歳にあたるのである。郭沫若はこの文章で、李自成の参謀李巖《りがん》を天まで持ちあげて、もし李自成が李巖の戦略を受け入れていたら中国は二百六十年ものあいだ異民族に占領されることはなかったろう、と言い、もう一人の参謀牛金星《ぎゅうきんせい》を、こいつこそ中国をほろぼした極悪人だとクソミソにこきおろした。

ところがこの文章を書くにあたって郭沫若が用いたのが『明季北略』と『明史』と、それに『剿闖小史《そうちんしようし》』という小説である。歴史の論文の材料として小説を用いるというのはムチャであるが、李自成のばあいは、もともと史実と小説とがゴチャまぜなのである。

しかもわるいことに、中華人民共和国が出来ると、郭沫若が中国文化界のナンバーワンとして君臨することになり、『甲申三百年祭』が李自成研究の聖典みたいな位置を占めてしまった。

近年中国の李自成研究がよほど科学的になってきたのは、一つには、郭沫若があまり(あるいは全然)尊敬されなくなってきたこととかかわりがある。『甲申三百年祭』ももはや聖典ではなく学術的批判の対象になっている。

最近は、従来あまり知られなかった、断片的ではあるが信憑性の高い史料(目撃者の記録、流賊鎮圧に直接あたった高官の疏牘、地方志など)によって、『綏寇紀略』などの記事を一つ一つつぶしてゆく作業が丹念に行われている。また『綏寇紀略』等の材源の研究も進んでいる。

そういう地道な研究をやってみると、あきれたことに、従来李自成研究の二大史料であった『綏寇紀略』と『明季北略』の主要なネタは、清初のころの小説なのである。小説が歴史書に取りこまれ、その歴史書にもとづいて正史が書かれていたのである。

そこまでわかってみると、郭沫若が歴史の論文を書くのに、正史や歴史書と小説とを同格の史料として用いたのは、それでよかったのだということになる。畢竟するところどれも小説なのだから。——郭沫若は乱暴な男だが、「うん、あれもこれも似たようなものだ」とにらんだあたりはさすがにいいカンであった。

## アダ名で売りこむ親分たち

李自成は、陝西《せんせい》省の米脂《べいし》という所の人である。延安のまだずっと東北、もうちょっと北へ行けばモンゴルの砂漠になるという、ずいぶん偏僻な所だ。

生れたのは明の万暦三十四年（一六〇六）、これはたしかなようである。富裕な農家の子で、子供のころは村塾で勉強した、と書いてある史料もあれば、極貧農家の子で、お寺へ小坊主にやられたとか、小さい時から羊飼いをしていたとか書いてある史料もある。名前もいっぱい説があって、一々あげきれない。そのうち、子供のころは「黄来」と呼ばれていた、と書いてあるものが多い。とにかく「自成」という立派な名前はいっぱしの盗賊の首領になってからのものである。

背が高く、肩幅の広い、たくましい大男であった。顔は、頬骨がとがり、目がへこんだ、いわゆる金壺眼《かなつぼまなこ》であったという。

この米脂のあたり、陝西の東北部というのは、風土や気候も荒っぽければそれに見合って男たちの気性も荒っぽいという土地柄である。文人学者などは絶えて出ないが、盗賊なら名の売れたのをあまた輩出している。

李自成も少年時代から騎射が得意であったという。農家の子といっても、おとなしく畑仕事なんかをしていたようすは見えない。荒くれ男たちにまじって腕力と武芸をきたえていたのだろう。

はたち前後のころに駅卒になったと書いてある史料が多いが、駅卒であったことはないと書いてある史料もある。駅卒をクビになったあと辺境守備の兵隊になったと書いてあるのもあるし、初めから兵隊になったと書いてあるのもあるし、いきなり盗賊になったと書いてあるのもある。こう史料が多いと、もうややこしくて、いっそのこと漢の高祖における『史記』のように史料が一つしかなかったら話が簡単だのにと思うこともある。しかし逆に言えば、ある人物や事件について史料が一つしかないのはあてにならぬということでもある。

『明季北略』には、十八歳の時に十四歳の女の子と結婚したがこの子がすぐ姦通したので殺したという次第をえんえんと書いてある。

二十五歳前後のころ、つまり崇禎三年（一六三〇）ごろに盗賊になった。もうこのころにはたくさんの盗賊団ができており、李自成はその一つ、不沾泥《ふてんでい》という親分の集団に入った。

不沾泥というのはアダ名である。本名は張存孟という。当時の盗賊の首領はみなカッコいいアダ名を持っていて、もっぱらアダ名で呼ばれる。不沾泥のばあいはたまたま本名が残っているが、わからぬのも多い。不沾泥というのは「泥につからない」という意味ではないかと思うが、よくわからない。

李自成が盗賊になったころの著名な親分のアダ名を若干あげてみよう。

「老回回《ろうかいかい》」――「回回」はイスラム教のこと。わが国でも昔はフイフイ教と言っていたものだ。陝西省北西部にはイスラム教徒が多かった。「老回回」は「イスラムおじさん」ということ。本名は馬守応。

「闖王《ちんおう》」――「闖」は「あばれまわる」「突進する」の意。本名は高迎祥。

「曹操《そうそう》」――三国時代の姦勇の名をアダ名にしたもの。しかし名前に似ず割合おだやかで人のいい親分だったという。本名は羅汝才。

この三人がゴッドファーザー的大親分である。

そのほか、八金剛、掃地王、乱世王、顕道神、革裏眼、混十万、過天星、九条龍……、ともかく有名なのだけでも何十人もいた。

元末の盗賊たち、朱元璋、張士誠、陳友諒らと、これら明末の盗賊たちの違いの一つに、この親分衆がみなアダ名で呼ばれるということがある。その理由について、清初の史書『懐陵流寇始終録』には「このころの盗賊の首領の多くは、もと軍の将校、あるいは歴とした家筋の出身であるから、親族に対する政府の報復を恐れて本名をかくしたのである」と言う。一方、二十世紀の歴史家李文治の『晩明民変』では、『水滸伝』の影響である、と言っている。

思うに、『水滸伝』の影響が大きいのではあるまいか。「宋江」「燕青」「一丈青」など『水滸伝』そのままのアダ名の盗賊も多く、多少もじったようなのになると数え切れないほどいる。それに、単に本名をかくすためなら無理にアダ名でなくてもいいし、第一著名な盗賊なら本名もわかっているのである。

当時の盗賊団は、一つの集団を「営」という。その営の中の「精兵」がいくつもの部隊にわかれていて、それを「隊」という。李自成は、体格雄大で、腕力が強く、そのうえ頭がよかったから、不沾泥の集団でどんどん出世し、第八隊の隊長になった。

数年後、不沾泥は官軍につかまって斬られた。李自成は自分の第八隊を中心に、そのほかの隊の残党を吸収して独立した。のちに李自成集団が巨大になったあとも、中核部分を

「老八隊」というのはこれによる。「老」は「古くからの」の意である。李自成にとって最も信頼できる古強者たちであった。

独立の首領になって、アダ名は「闖将《ちんしょう》」とした。だから官の側では「闖賊」と言っている。

従来李自成のことを書いた本には、李自成は最初、闖王高迎祥の子分になった、と書いたものが多い。それはまちがいで、李自成と高迎祥とは組織的な関係はないのであるが、しかし、そう考えられていたについてはそれなりの理由がある。理由は二つである。

一つはアダ名が似ていることである。似ているだけではない。高迎祥は崇禎九年（一六三六）に官軍につかまって殺されたのであるが、その数年後、李自成はアダ名を「闖王」に改めている。そのために、李自成は闖王の子分になって部将に取り立てられ「闖王の部将」の意味で「闖将」というアダ名をもらった。高迎祥が死んだあと、闖王を襲名した、という伝説ができた。

もう一つは、李自成の妻が高という姓だからである。この高夫人は、何人目の妻かはよくわからないが、李自成が皇帝になった時の正妻だったので皇后になり、李自成が死んだあとは大順軍（「大順」は李自成帝国の国号）の名目上の最高位者として、南明朝廷（明の亡命政権）と反清連合を結んで、皇太后あつかいを受けている。それで、この高夫人は高迎祥のめいであり、したがって李自成は高迎祥の義理のおいであるから、闖王を襲名したのだ、という伝説ができた。実際には高迎祥は安塞（延安のすぐ近く）の高氏であり、高夫人は米脂の高映元という男の娘で、たまたま同姓であったにすぎない。

しかしそういう伝説のおかげで高迎祥は、特に中華人民共和国になってからは、李自成の先代ということで特別あつかいを受け、イスラムおじさんや曹操羅汝才とはケタちがいの人格高潔な革命家で、「人民解放のために雄々しく命を捧げた」などとまるで神さまあつかいされてきた。

## 伝説の八年間

李自成は、崇禎五年（一六三二）、二十七歳のころに自分の集団を持った。

八年後、崇禎十三年の暮、李自成は、突如その雄姿を河南省西部に現わし、一か月ほどのあいだに、宜陽、永寧、新安の三県城を破り、一月に河南府洛陽を取った。あとは破竹の勢いで明王朝打倒へ突き進む。

李自成の戦跡で最も問題になるのがこの崇禎五年から十三年までの八年間である。

この八年間、李自成はどこで何をしていたのか？

ごく大ざっぱに言えば、西のほう、陝西、甘粛、四川あたりで官軍相手に勝ったり負けたりしていたということなのだが、そんな大まかなことではお客さまが承知しないから、もっと具体的なオハナシができ、それがやがては正史にまで取り入れられて、李自成物語の不可欠の部分になっている。特に著名なものをいくつかご紹介申しあげよう。

## 車箱峡《しやそうきよう》偽降事件

崇禎七年夏、流賊の連合軍が官軍に追われて湖北から陝西南部へ逃げこんだ。李自成軍三万はしんがりをつとめていたが、地理不案内のため興安（現在安康）の南の車箱峡という峡谷に迷いこんだ。この車箱峡は、長さ四十里、両側は切り立った断崖である。入口も出口も明軍にふさがれている。おまけに連続四十日間雨が降って李自成軍はズブ濡れになり、食糧も尽きた。そこで官軍の大将陳奇瑜《ちんきゆ》に「全員改心して国へ帰って百姓をしたい」と申し出た。陳奇瑜は「それは殊勝な心がけである」と、賊百人につき一人づつの護送官をつけて峡谷から送り出してくれた。無事峡谷を出た所で李自成軍は突如居直り、護送官を殺して、宝雞、鳳翔、麟遊、永寿などの諸県を奪取した。明朝廷は震えあがった——というものである。

これは、同じころに、似たような事件があった。八大王（張献忠）、蠍子塊《かつしかい》などの流賊四万ほどが、漢中で官軍に投降して桟道をうまく通りぬけ関中へ出て寝返った事件である。これが李自成の手柄ということに作りかえられたのだが、それだけでなく、場所がちがう。

当時の桟道というのは、漢中府（現在漢中市）からやや西よりに北上して鳳県を通り、ここから今度はやや東よりに北上して宝雞へ出る谷あいの道である。興安近辺の車箱峡というのは、それより何百キロも東であって、車箱峡を抜けたところで宝雞や鳳翔とは何の関係もない。車箱峡を出て宝雞・鳳翔を取ったというのは、「箱根のトンネルを抜けて長野・松本へ出た」と言うようなものである。

当時の史書の記述にはこんなふうに、地図を見ながら読むとすぐデタラメと知れるものが多い。これは、呉偉業にしろ計六奇にしろ南方の人であって、それが北方の地理を知らぬままに書いているからである。

この事情は『水滸伝』に似ていておもしろい。『水滸伝』の地理はデタラメだとよく言われるが、それも、北方を舞台にした小説を南方の人が書いたものだからなのである。——もちろん歴史書が小説なみというのはお粗末なことであるが。

**滎陽《けいよう》大会**

崇禎八年（一六三五）一月、流賊十三家七十二営の首領が河南の滎陽に集まって戦略方針を協議した。議論が紛糾してニッチもサッチも行かなくなった時、李自成が「四方へ発展」という動議を提出した。これが採択され、全員クジ引きで進撃方向と任務を決定、各担当方面へむかって発展して行った――というもの。

当時の史書には「家」と「営」というのがよく出てくるので説明しておこう。「家」というのは、一人の首領が統轄する大集団である。その「家」の中でやや独立して作戦する集団が「営」である。わが国のヤクザで言えば「○○一家」と「○○組」のようなものである。たとえば、当時、老回回、闖王と並んで三大親分の一人であった曹操羅汝才は九営を持ち、うち一つを直接指揮し、あとの八つを子分の過天星恵登相（「過天星」がアダ名、恵登相が名前、以下同じ）、整十万黒雲祥、混世王武自強、小秦王白貴、関索王光恩（これは「関索」がアダ名、王光恩が名前）などに指揮させていた。

この時滎陽に会した十三家は、老回回、闖王、革裏眼、左金王、曹操、改世王、射場天……と『綏寇紀略』には親分衆の名前を列挙してある。

しかしこの史上著名な「滎陽大会」こそは、まったく根も葉もない作り話である。だいたい、あまたの流賊集団に統一的な総司令部があったわけではないし、それに、電話も電報もない当時、広い範囲でそれぞれ勝手に動きまわっている七十もの流賊集団の首領が、時間と場所をきめて一堂に会して朝廷打倒の戦略方針を協議するというのがバカバカしい話である。

この点については、『綏寇紀略』のすこしあとで書かれた『懐陵流寇始終録』が『綏寇紀略』のこの記事を「デタラメである」と批判して「いったい流賊というのは野火のようなものでどこで燃え出すかわからない。だから討伐がむずかしいのだ。時と所をきめて集合協議するなら、それは流賊ではない」と言っているのがもっともである。

では『綏寇紀略』はどこから材料を得てこれを書いたのかというと「ある投降者のたしかな消息によれば」とあるだけなのである。

## 潼関《どうかん》南原の大会戦

崇禎十一年十月、李自成は数万（あるいは十数万）の軍をひきいて陝西から河南へ出ようとし、潼関の南で待ちうけていた官軍と遭遇、大敗し、李自成は腹心の劉宗敏《りゅうそうびん》、田見秀《でんけんしゅう》、おいの李過《りか》らわずか十八騎になってかろうじてのがれた――というのが「潼関南原の大会戦」である。

あとでのべる姚雪垠《ようせつぎん》の長篇小説『李自成』の冒頭にこの会戦が出てくるので、近年中国では特に有名である。大敗したのだからあまり李自成の名誉ではないようだが、この潰滅的打撃にもめげず再び立ちあがったところがえらい、というわけである。

これは根も葉もない話ではない。同じ年の春、流賊の大軍が四川の梓潼《しどう》という所で官軍に敗けている。これがのちに、地理を知らない南方の史家によって同じ「潼」の字のつく潼関のほうへ移されたらしい。同じ字がつくといっても、梓潼は成都の近く、潼関は河南と陝西との境であって、直線距離でも千キロくらい離れている。

梓潼で官軍に破られた流賊が李自成軍なのかどうかもよくわからない。

## 魚腹《ぎょふく》山の窮迫

崇禎十三年春、李自成は魚腹山（現在の四川省奉節の近くの山中）に逃げこんで窮地におちいった。食糧もなく先の見こみもない。李自成は絶望して何度も首を吊ろうとしたがそのたびに養子の李双喜がとめた。部下の大将たちの間にも、いっそのこと官軍に降参しようかという空気がひろがった。そこで李自成と劉宗敏（李自成軍の武将ナンバーワン）はあるほこらに入って占いをした。吉と出たらもうひとがんばりしてみる。凶と出たら劉宗敏が李自成の首をもらって投降する、という約束である。三べんやって三べんとも吉と出た。劉宗敏は「よし、どこまでもあんたについてゆく！」と率先して二人の妻を殺した。そこで女たちを全部殺し、軽騎五千をもって包囲を突破、河南へ進出した。……

これは李自成物語のなかでも一番景気のよくない話であるが、『懐陵流寇始終録』や

『国権《こくかく》』などのかなり信頼性の高い史書にちゃんと出ている。これは、同じころ同じ地域で窮地におちいっていた張献忠の話がまぎれこんだのだろうという。

ただし、李自成にせよ張献忠にせよ、自殺などしそうな男じゃない。だいたい、明末の流賊の首領で進退きわまって降服したのはいくらでもいるが、自殺したのはいない。首領クラスになると、降参してもすぐ官軍の大将にしてもらえるのである。

なおついでに——

「偽降」とか「詐降」とかいうのもよくあるが、それと本当の投降との違いもそうハッキリしたものではない。投降して待遇が気に入ればそのまま落ちつくし、気にくわなければ折を見てまたあばれだす。それをあとから「偽降」「詐降」というのである。

右の「車箱峡」「滎陽大会」「潼関南原」「魚腹山」等はみなあとからの作り話なのであるが、しかしすべてちゃんと『明史』にのっている。正史といったってちっともあてにならない標本みたいなものである。

二十世紀の中国で第二次李自成ブームを作ったのは姚雪垠の長篇小説『李自成』である。これには長い「前言」がついていて、著者は、「滎陽大会」も「潼関南原の会戦」もみな実際にはなかったことだと考証している。しかし小説にはこれらが出てくる。著者はそれを「深入歴史、跳出歴史」——歴史を深く研究した上で歴史を超越するのが歴史小説の本領なんだと理窟をこねているが、要するに、これらはすっかり李自成物語の不可欠の部分になっていて無視できないのである。

ただし魚腹山の窮境は出てこない。これはいかにも意気地がなさすぎるからであろう。

## 城攻めと大砲

そういうわけで、崇禎十三年までの李自成の動静についてはわからぬ点が多い。ともかくこの年の暮に、李自成は突如河南に現われ、一か月後の崇禎十四年一月には洛陽を攻めおとした。洛陽は、万暦帝の三男、すなわち崇禎帝の叔父である福王が藩邸をかまえる、河南第二の大都市である（第一は開封）。

河南に現われた時の李自成軍は数百人程度だったのが、たちまちにして数十万にふくれあがったという。

この急激な膨脹は、ここ数年河南では飢饉がつづいており、その飢民たちが李自成軍に従ったことによる、というが、そんな烏合《うごう》の衆ばかりで大都市攻撃ができるとは思われない。プロの精兵が必要である。河南へ出てきた李自成に従った中小の盗賊として、一斗穀《いっとこく》（あるいは一斗粟《ぞく》とも）、老当当《ろうとうとう》、桿子《かんし》、瓦罐子《がかんし》などの名が史書に見えているが、おそらく数百数千クラスの盗賊団が、闖将が出て来たと聞いて一斉に従ったのであろう。ということは、このころまでに李自成は、陝西・四川方面での活躍によって、盗賊たちのあいだに声望を確立していたのであろうと思われる。

それにしても、堅固な城壁に囲まれ、その城壁上には兵士たちが守っている都市を、盗賊たちはどうやって攻めおとすのだろう。

それには、大きくわけて、外から攻める方法と中から城門をあけさせる方法とがある。『豫変紀略《よへんきりやく》』という本に城攻めのようすがくわしく書いてある。この本を書いた鄭廉《ていれん》という人は、河南の帰徳《きとく》府という都市の人で、崇禎十五年に李自成と曹操羅汝才の連合軍が帰徳を攻略した時には十五歳、町の陥落を目撃し、そのうえ曹操軍につかまっている。『豫変紀略』は、この鄭廉が、河南における流賊の行動を、自分の目撃したことを中心に、他の人たちの話も聞き、実地調査もして、何十年もかかって年代記にまとめた本である(本ができあがった時鄭廉は七十歳になっていた)。『豫変紀略』は当時の史書のなかでは最も信頼性の高いものの一つである。

で、その城攻めであるが、戸板のようなものを楯にして歩兵が城壁近くまで進出してきて、戸板を立てておいてそのうしろで塹壕《ざんごう》を掘る。城壁上から大砲で攻撃すると戸板が倒れるが、またすぐ立てなおすという。さて歩兵たちが無事塹壕にかくれると、賊軍が城壁上の守備軍にむかって大砲で攻撃を始める。

明代後半に最も多く用いられていた大砲はフランキ砲である。フランキというのはポルトガル人・スペイン人のことで、だからフランキ砲は中国人がポルトガル人などから買ったり模倣して作った大砲である。

明末になると紅夷《こうい》大砲というもっと性能のいいのが登場してくる。「紅夷」というのは紅毛の野蛮人、つまり西洋人のことで、これも西洋式大砲である。ただし清以後は「紅衣大砲」と書く。中国人は満洲人を見くだして「夷」と呼んだので、清ではこの字を極端に嫌った。中国を支配してからはこの字を用いただけで死罪にしたほどである。だから大砲の名も紅衣大砲としたのである。別に大砲に赤いオベベを着せているわけではない。この大砲は、先に明軍が使い、やがて満洲も持った。

流賊がどの程度の大砲を持っていたのかわからぬが、よくてフランキだろう。のちに李自成の大順軍と清軍とが直接戦うようになると、紅衣を持ってきた、というだけで大順は逃げ出している。紅衣を持っていなかったことはたしかである。フランキあたりまでの中国の大砲というのは、精度はきわめて低く、むしろ心理的威圧効果を主とするものであったようだ。

## 洛陽を攻略

さて、ある程度大砲を打って城壁上の守備軍を威圧すると、塹壕から歩兵が駆け出して行って、城壁の根もとのほうのレンガを一人一枚づつ引き抜いて駆けもどる。中国のレンガというのは竪横ともにわが国のレンガよりはずっと大きくて、レンガというよりコンクリートの板みたいなものである。重量もある。これを一人一枚づつ引き抜く。その間うしろから弓隊が掩護《えんご》する。城壁の根もとにある程度のほら穴が出来ると、土のかめに火薬をつめこんだのを持ったやつが駆けて行って、導火線に火をつけて駆けもどる。火薬が爆発する。

城壁は部厚いから、それくらいで吹っ飛んでしまいはしないが、ある程度崩れ落ちるから、城壁上の守備軍は影響を受ける。

そこへ「雲梯《うんてい》」を持ち出す。雲梯というのは、車に折りたたみ式の長いハシゴを取りつけたもので、つまり今日わが国の消防のハシゴ車みたいなものである。これをのばして城壁にかけて、歩兵が蟻のように登ってゆく。次から次へと登ってゆくから、二人や三人弓矢で射落としてもあまり役に立たない。これがどこか一角の城壁上を制圧してどんどん内側へおりることになれば、半分勝ったみたいなものである。城門守備の兵を攻撃排除して内側から開門すると、外で待っていたのがどっと突入して、あとは市街戦ということになる。――これが強行突破策である。

もう一つは内応策である。あらかじめ工作員を城内へ入れ、これがどこか一つの城門の守備隊を買収して、攻防戦のドサクサまぎれに内側からあけてもらう。うまくゆけばこれが一番手っとり早い。洛陽をおとしたのはこれである。

崇禎十四年(一六四一)正月十九日、李自成軍は洛陽城下に押しよせて北門の攻撃を始め、二十日の晩にこの門が内側からあけられ、二十一日の未明には洛陽全体の占領が終ったというから、実に簡単であった。

## 闖王は税金をとらないぞ

洛陽を取った時から、李自成軍の性格・やりかたはガラリと変わった。従来の「子女玉帛目当ての流賊」から「天下を狙う大盗」にグレードアップしたのである。

変化の第一は、民衆工作を始めたことだ。

洛陽で李自成軍は、金品財物を奪わなかった。一般市民を殺傷せず、女性を犯さなかった。それどころか、福王府の倉庫にためこんであった食料や財物を民衆に分けあたえた。といっても、九割がたは自分らが取り、一割ほどを分けてやっただけなのだが、皇族の財産というのは巨大なものだから、一割だってずいぶん大きい。

当時の文人の記録はこれを「盗賊のペテン仁義」と言っているが、ペテンでも何でも、とられるよりはもらうほうがいいにきまっている。民衆は歓迎した。

次に、宣伝工作を活潑にやり出した。

「我々は人民の困苦を救うための正義の軍隊である。共に力をあわせて罪悪に満ちた明王朝を打倒しよう」というような意味のことを、古典の用語をいっぱいちりばめた華麗な文章に作り、宣伝ビラにして、各所に貼り出したり配布したりした。

こうした宣伝ビラはもちろん知識人むけである。庶民はそんなもの読めもせず、わかりもしない。

庶民むけには歌を作ってはやらせた。李自成軍が作った歌は、似たりよったりのがいろいろあるが、一つをご紹介するとこんなふうなものである。

牛と羊を殺せ（さあごちそうだ）　殺牛羊
お酒の用意をしよう　備酒漿
城門を開いて闖王を迎えよう　開了城門迎闖王
闖王が来たら税金をとられないぞ　闖王来時不納糧

これが、羊《ヤン》、漿《ジアン》、王《ワン》、糧《リアン》と韻をふんでいて、なかなか調子よくできているのである。無知で単純な民衆には、こんなふうな、理窟も何も抜きで、とにかく天上から救世主がおりて来たような歌が一番有効だったのである。

これより三百年後、李自成の故郷である陝北の地を毛沢東が占領した時にも、民衆工作に歌を使った。有名なのは例の『東方紅』である。

東の空が赤い　太陽が昇った
中国に毛沢東が現われた
毛沢東は人民の幸福を図る
毛沢東は人民の救いの星だ

双方に共通するのは、救世主の名前を売りこもうとしていることだ。何百年たっても、中国の大盗賊のやることに大した進歩はない。

それはさておき——

李自成は洛陽で「人民裁判」もやった。皇族の福王をとらえると、洛陽の人々を（といっても有力者だけだろうが）一堂に集め、その前で李自成が福王の罪を糾弾する演説をして、福王を処刑したというのである。

周知のように、共産党も人民裁判をやった。この人民裁判というのを「人民による裁判」の意だと思っている人があるが、それはちがう。「人民の前での裁判」なのである。初めから死刑と決っている者を人々の前に引きずり出して悪事を並べ立て、公開処刑するのが「人民裁判」なのである。

## 牛金星と宋献策

洛陽を取って以後李自成の野望は一段とアップして皇帝の座を狙うに至った。したがって物を取るより人気を取る、声望を得る方針に変った。

盗賊が人気を取るのは比較的楽である。モトデがかからない。悪いことさえしなければ「盗賊だのに金も女も取らない」と人気があがる。共産党の軍隊が「人民の物は針一本取らない」と、たいへん立派な高潔な軍隊みたいに言ったり感心したりする人が日本にもあるが、考えてみれば他人の物を強奪しないというのは別段そう高潔というほどのことではない。堅気の世界ではあたりまえのことである。それがものすごく立派なことのように言ってもらえるのだから盗賊はトクである。

しかしまあ、それまで取りほうだいに取っていたのが急に取らなくなるのだから、盗賊にしてみればソンをしたような気になるだろう。そこのところを「ソンしてトク取れ」と教えるのが知識人である。李自成のばあいも、このころから続々と参加しだした知識人が教えた。

もっとも、李自成は朱元璋とちがって、大した知識人ブレーンは最後まで持てなかった。もちろん文書係り程度のザコのような知識人はたくさんいたが、首領の片腕と言えるほどのは牛金星《ぎゅうきんせい》という男一人だけであった。

この牛金星にしても、朱元璋における宋濂・劉基のような全国区の大学者ではない。地方区も地方区、町会議員か村会議員程度の田舎文人である。朱元璋のブレーンでいえば李善長にあたる。しかし李善長同様、田舎文人にしてはなかなか有能な切れ者であった。

この牛金星が何故流賊の仲間に入ったのかもよくわからぬのであるが、どうも、親戚のあいだでモメ事があり、お上に訴えられて逮捕されそうになったので盗賊団に逃げこんだというようなことらしい。どっちにしても大して高尚な動機から盗賊になったわけではない。

ほかにロクな知識人がいないので、牛金星は、戦争の際は首席参謀、李自成が皇帝になってからは宰相と、一人で八面六臂の活躍をした。

しかし気の毒なことにこの牛金星は、どうも後世の評判がかんばしくない。何もかも一人で切り盛りしただけに、李自成が負けたのはこいつがドジだったからだと目のカタキにされるのである。郭沫若などは、李自成の大順帝国がつぶれて清に中国を取られてしまったのはひとえに牛金星の責任だと悪口を言いたてるのであるが、それはちょっとかわいそうだ。大順が清に負けたのは、大順のほうのだれかれが悪いというのではない。清軍のほうが強かったからである。

それともう一つ、これはあとのことになるが、清軍に負けた李自成が敗走また敗走の苦境におちいった際、牛金星は大順軍から脱走して、その後は清帝国の高官になったむすこの邸内でひっそりと暮して生涯を終えた。これも「落ち目の主人を見捨てた裏切り者」と不人気の原因になっている。

李自成の参謀といえば、もう一人宋献策《そうけんさく》というのが有名である。この男は、もとは流れ者の占い師である。背が非常に低く、顔が小さく、片足が不自由で松葉杖をついていた。さように風采はパッとしないが、その軍略は神のようだった——ということになっている。

この男が李自成に仕えることになったのは、李自成のために占いを立てたら「十八子主神器」という卦《け》が出たというのがきっかけである。「十八子」というのは「李」である。「李」という字を分解すると「十」と「八」と「子」になる。「神器」は日本でも「三種の神器」というように帝位を象徴する持ち物。つまり「李という姓の人が帝位を示す器物を手中にするであろう」という卦である。李自成はそう言われて、胸に手をあてて考えてみたらまさしく自分が「李という姓の人」なので、こいつは大した占い師だと即座に宋献策を軍師に取り立てたというのである。

実は「十八子主神器」というのは宋献策が思いついた文句ではない。その七百年ほど前、五代の時代に、あるオベッカ使いが李存勗《りそんきょく》（のちに後唐《こうとう》王朝を建てた男）に取り入ろうとしてこしらえたもので、ちゃんと歴史の本に出ている。宋献策はそれを利用したのである。

李自成の幕下に宋献策という男がいたことはたしかである。占い師あがりというのも本当かもしれない。しかし異常なチビだったの神様のように先の見通しが利いたのというのは、たいてい作り話であろう。そんなに先の先まで読めるんだったら、李自成が最後には惨敗することまで見通して、初めから寄ってこなかったにちがいない。

## 李巖と紅娘子

しかしながら、李自成のブレーンといえば、牛金星よりも宋献策よりも、圧倒的人気を誇るのは李巖《りがん》である。李巖の物語はくわしく語れば本が一冊できるほどあるが、簡単に言えばこうだ。

李巖は河南の杞県《きけん》という町の名家の御曹子である。父親は李精白《りせいはく》といって明の兵部尚書《へいぶしょうしょ》、つまり陸軍大臣であった。崇禎十三年、河南地方の大飢饉の際、李巖は県令に官の貯蔵米を出して民を救うよう建言したが県令はケチで一粒も出さなかったので、自分の家の貯蔵米を全部放出して人々の敬意を一身に集めた。県令の人気はガタ落ちである。

ここにもう一人、李巖の物語になくてはならぬ人物がいる。若い女、名前は紅娘子《こうじょうし》、もちろん美人である。旅まわりのサーカス団の団長で綱渡りの名人。強く雄々しく仁義にあつい女侠客である。これが李巖の気っぷに惚れてかどわかし、町の外へ連れ出して強制的に身を任せた。俗に言う強チンというやつだ。李巖は紅娘子の意に従ったので、無事放免してもらって町へ帰った。県令は先にメンツをつぶされて頭に来ていたところへこのウワサを聞きこみ、女盗賊と通じた、という罪名で逮捕投獄した。

これを知った紅娘子は、李巖に救われた貧乏人や李巖を慕う若者たちと協力して杞県城を攻撃、城壁なんぞはお手のもののサーカスでひらりと飛び越えて、まず悪代官、じゃない悪県令に天誅《てんちゅう》を加え、李巖を救出した。これを知った李巖夫人が首を吊って死んだので、李巖と紅娘子は晴れて結婚、貧乏人や若者たちとともに李自成軍に投じた。李自成は大喜びで李巖を参謀にした。

李巖は、貧しい人たちの味方になって天下を取るよう李自成に説いた。「闖王が来たら税金はいらない」など数々の歌はみな李巖が作ったものだ。李巖はその後も李自成にすぐれた政策を建言し、李自成軍は発展した。李自成の李巖に対するこのあつい信頼ぶりを見てヤッカんだのが腹黒宰相の牛金星、ことあるごとに李自成に李巖の悪口を奏上する。初めは信じなかった李自成もだんだん李巖を疑い出し、とうとう李巖を宴席に呼び出して殺してしまった。

——というのが李巖物語のあらましである。物語といったって、正史である『明史』にもちゃんと出ていて、一応すべて史実ということになっている。だから郭沫若なんぞは、李自成が李巖を信じて牛金星をしりぞけていれば中国が二百六十年ものあいだ異民族に支配されることはなかったのに……、と歯ぎしりしてくやしがるのである。

## 李巖は李自成の分身?

しかし今日の研究では、右の話は全部ウソだということに大方の見方が一致している。話がウソだというだけではなく、そもそも李巖などという人物は存在しなかった、ということになっているのである。

これは、漠然とウソだというのではない。李巖物語は、くわしく語ればもっともっとくわしいディテイルがあるのだが、それを一つ一つ確実な史料とつきあわせながら丹念につぶしてゆくのである。たとえば、李巌物語では紅娘子に殺された県令は宋県令ということになっている。すると、崇禎年間に杞県の県令であった人物を全部リストアップし、その中で宋という姓の人は一人だけであることを確認し、こんどはこの人の生涯を調べて、無事任期満了ののち郷里のどこそこ村へ帰って十何年後に天寿を全うして死んでいることを墓誌などの確実な資料によって証明する。また崇禎年間に杞県の県令であって在任中に殺された人はいないことを地方志などによって証明する、……というふうにやってゆくのである。欒星《らんせい》『李巌之謎』という本はその専著であるが、従来の通説が一つ一つくつがえされてゆく過程は、推理小説を読むようにスリリングでおもしろい。「アレヨアレヨ」という感じである。

こういう丹念な考証を見ていると、さすがに明末といえば今日に近い時代だけあって、断片的だが確かな資料というのは無限にあるものだと感心するとともに、こういう精密な作業をやらせると中国の学者というのは大したものだし、またそれを実に楽しそうに、生き生きとやっていることにも感銘する。マルクスレーニン主義の史的唯物論だか唯物弁証法だかで中国の歴史を切ってゆく作業をしている時の精彩のなさとは、天地の懸隔である。

李巌物語のネタも今ではすっかり割れている。出どころはすべて清初のころの小説である。
姚雪垠の小説『李自成』の「前言」においても、作者は、李巖は烏有先生である、つまり架空の人物であると言っている。なのに『李自成』のなかでは李巖も紅娘子も大いに活躍している。すなわちこれも「歴史にわけ入り、歴史を超越する」歴史小説の真骨頂というわけだが、実は李巖物語は李自成伝の不可欠の一部分になっていて、李巖の出てこない李自成伝なんてお客さまが承知しないのである。

それにしても「火のない所に煙は立たぬ」というが、李巖というケムリはどこから湧いて出たのだろう。

おそらく、李巖は李自成の分身なのである。

李自成は、若くして首領になったゆえであろうか、「李公子」（李の若様）と呼ばれていた。李巖も「李公子」と呼ばれている。

それともう一つ、先にものべたように、李自成の若いころの名前はいっぱいあるのだが、その一つに「イエン」という名がある。つまり、出世する前の彼は「李イエン」と呼ばれていたのである。庶民の名前は、音だけあってきまった字はないことが多い。「阿Q」は人々から「アーコイ」と呼ばれていたが、この「コイ」は「貴《コイ》」なのか「桂《コイ》」なのか或いはまたちがう字なのか誰にもわからぬ、と魯迅が言っているようなものである。李自成の若いころの名前「李イエン」も、記録者によって「李延《イエン》」「李炎《イエン》」などまちまちの字をあてている。

そして李巖もまた「李巖《イエン》」である。

盗賊内部のことは、外部の人にはなかなかわからない。共産党の首領「朱毛」を、外部の人は一人と思っていたようなものである。李自成は、「自成」という立派な名前をつけてから「イエン」のほうは用いなくなった。しかし「李公子」の「李イエン」は独り歩きして、李自成の智慧袋、貴公子李巖が誕生したのであろう、――とわたしは考える。

## 大明帝国の滅亡

崇禎十四年(一六四二)の一月に洛陽を取ってからの李自成は日の出の勢いである。次々と河南の諸都市を攻略した。老回回、曹操、革裏眼《かくりがん》など、かつてはずっと格上だった親分たちを配下にし、その軍を吸収した。そして、崇禎十六年初め、湖北の襄陽《じょうよう》で、ついに自分の国を建て、政府を組織した。李自成の称号は「奉天倡義文武大元帥《ほうてんしょうぎぶんぶだいげんすい》」、ナンバーツーは曹操で、これが「代天撫民威徳大将軍《だいてんぶみんいとくだいしょうぐん》」。ところがすぐそのあと、曹操と革裏眼を殺してしまった。老回回はびっくりして逃げ出した。

同年冬、李自成は西へ進撃して潼関《どうかん》を突破、西安を陥して、翌崇禎十七年(一六四四)

った。

一月、西安を国都と定めた。国号は「大順」、年号は「永昌」、李自成は「大順王」と名のった。

二月、北京にむかって進撃を開始、三月十七日に北京城下に達した。守備軍は抵抗らしい抵抗もなく潰滅、翌々十九日に李自成は北京に入城した。崇禎皇帝は首を吊って自殺し、太祖以来三百年近くつづいた明王朝が滅亡した。

李自成が清軍に逐《お》われて北京から逃げ出すのは四月三十日である。だから李自成の大順軍が北京にいたのはちょうど四十日間であった。三日天下よりは少し長くて四十日天下であった。

もっとも、李自成は北京を都とするつもりはなかったようだ。彼はもともと陝西の人で、若いころ流賊をやってあばれまわっていたのも主として陝西である。その陝西の最大都市、かつて漢および唐の都でもあった西安に国都をかまえたのだから、北京での用がすめば西安へ帰るつもりであった。

では李自成は何をしに北京へ出てきたのか。一つはもちろん明王朝を倒すことである。もう一つは、北京で皇帝の位につくことであった。

だから大順政権が北京にあった四十日間、最も主要な仕事は、即位の式典の準備であった。この間の記録を読んでいると、中国で皇帝が即位するというのは大変なことなんだなあ、と感心してしまう。

一つだけごく小さな例をあげると、式典の際に皇帝がかぶる帽子、つまり皇冠である。これはもとより生易しい帽子ではない。宝石をいっぱいちりばめた華麗なやつを特別にあつらえる。李自成のばあいは、やっと出来てかぶってみたら大きすぎ、これはいかぬとまた初めから作りなおしたら今度は小さすぎ、三つ目にやっとぴったりのが出来て御意にかなったのだそうである。

帽子一つでもそんなことだから、当人はじめ文武百官の衣類・アクセサリー、式場の設営、式次第の練習など、ちゃんとやろうとすると何か月もかかるらしい。

その間、北京城内はだんだん混乱してきた。

即位の式典がすんだら西安へ帰るつもりなのだから、政府上層部は、新しい国造りに備えて、北京の明朝高官や資産家から資金をしぼれるだけしぼり取って行こうとする。高官や資産家のほうも、ある程度は出すが、全部取りあげられてはかなわんから、財産をかくす。それを出させようとして拷問する。武将ナンバーワンの劉宗敏などは、新式の締めあげ道具を発明して愛用した。どこをどう締めあげるのかよくわからぬが、ともかく耐えがたい苦痛が一昼夜くらい続いたのち絶命するのだそうである。

兵士のほうは掠奪をやる。もともと掠奪が楽しみで盗賊になったのに、ここ数年は、首領の天下取りのためにガマンさせられてきた。それがいよいよ天下を取ったのだから、それこそ天下晴れてほしいものが取れる。初めのうちは上層部も抑えようとしたらしいが、上のほうも上同士でやっているのだから、抑えきれるものじゃない。すっかり盗賊の本性を丸出しにしたから、北京では大順政府に対する怨嗟《えんさ》の声が満ちてきた。

そこへ東の国境で大問題が持ちあがった。呉三桂《ごさんけい》の変である。

**山海関の敗戦**

前にも言ったように明帝国の東の守りは山海関《さんかいかん》である。その外側は清が支配している。本来は中国の領土であるが事実上外国である。この山海関を守っていた将軍が呉三桂である。

大順軍が北京へ攻めてきた時、明朝廷は呉三桂に、首都防衛のため帰ってこいと命令を出した。しかしあまりに早く北京が陥落してしまったので呉三桂軍の移動が間に合わなかった。呉三桂は帰還の途中、すでに北京が賊軍の手に落ちたとの知らせを聞き、山海関へ引き返した。

呉三桂は、腹背に敵を受けて、はさみ打ちの形になってしまった。前面には強力な外国軍がいる。背後には賊軍がいる。両方を相手にしてはとても持たない。どっちかに降参するほかない。しかし自分の主君である明朝皇帝を殺して国をほろぼした賊に降参するのは臣下としての大義にもとる。かといって夷狄《いてき》の軍に降参するのは中国人としてこの上ない恥辱である。呉三桂はまことに悩ましい立場におちいってしまった。

李自成は北京を取るとすぐ呉三桂のもとへ使いを出して、こっちへ降参しなさいとすすめた。呉三桂も、やっぱり中国人は中国人同士という考えに傾いて、使いの者といっしょに北京へむかった。ところが途中で急に気が変って使いを殺し、山海関へ引き返して、こんどは清のほうに降参した。

それを聞いた李自成は驚愕して、すぐ、武将ナンバーワンの劉宗敏以下六万の軍をひきいてみずから呉三桂討伐にむかった。しかし、北京で毎日おいしい目をしていた盗賊たちが「さあまた戦争だ」と引っぱり出されてもそう役に立つはずもなく、清と呉三桂の連合軍に大敗して北京へ逃げもどった。李自成が大軍をひきいて北京を進発したのが四月の十三日、逃げもどって来たのが同月二十五日、この十二日間で李自成の運命は昇り坂からあっさり降り坂に転じた。

この敗戦で清にはとても勝てないことがよくわかったので、李自成は即位の準備を急がせ、二十九日にそそくさと式典を挙行してとにもかくにも皇帝になり、翌三十日の早朝、せっかく取った宮殿に火をつけて北京から逃げ出した。

## 呉三桂はなぜ寝返ったのか？

ところで、呉三桂は初め李自成に降参すると決めておきながら、なぜ途中で急に気が変わったのか？

それは陳円円《ちんえんえん》という美人のせいだということになっている。

陳円円はもと南京の妓女である。一目見ただけで魂がふっ飛んでしまうほどきれいな女だったという。崇禎帝の何番目かの妻である田貴妃《でんきひ》の父の田弘遇《でんこうぐう》という人（つまり皇帝の義理のお父さん）が南京へ行った時にこの美女を八百金で買ってきた。ところがこの弘遇が北京へもどってすぐに死んでしまったので、呉三桂が千金で買って可愛がっていた。山海関の守将として出征するに際して呉三桂はこの陳円円を父親の邸にあずけた。李自成が北京に入城すると、劉宗敏がこの美人に目をつけて、一銭も払わずに物にした。呉三桂はそれを聞いて激怒し「にっくき盗賊め、かならず殺してやる」と満洲人に応援を求めた、というのである。これは『明史』にも、呉三桂が寝返ったのは陳円円を劉宗敏に取られたからだとちゃんと書いてある。

しかしそれはどうでしょうねえ。だいたい中国の歴史では、世の中がひっくり返る時にはたいがい美女や悪女が登場して、この女こそ大異変の根本原因ということになっている。呉三桂のばあいも、陳円円という女がいなければ呉三桂の気も変らず、したがって夷狄に中国を取られることもなかった。それにしても女一人のことで国を外敵に売り渡すとは呉三桂の助平野郎……と、呉三桂は数百年来悪評サクサクなのである。

李自成は呉三桂討伐に出かける時、崇禎帝の皇太子と呉三桂の父親をつれて行っている。皇太子を伴ったのは呉三桂に「我々は明の皇族を大切にあつかっていますよ」ということを示し、父親を伴ったのは「それでも手むかいすればお父さんの命の保証はしませんよ」ということを示したのである。呉三桂はそれでも手むかったから、李自成は退却の途中父親を殺した。

呉三桂の気持は呉三桂にきいてみないとわからないが、おそらく、女よりも父親よりも、あるいは中国よりも、どっちへころんだほうが我が身が安全かということを考えたのではなかろうか。そして、邸へ乱入して父親や愛妾をつかまえるような無法者に降参したのではとても我が身の安全は保たれそうもない、それよりは清に恩を売ったほうが……と考えたのではあるまいか。

## 大順皇帝の最期

明の崇禎十七年、イコール清の順治元年、イコール大順の永昌元年四月末に北京を脱出した李自成は、二か月あまりのちの七月初めに国都西安に帰りついた。ここで潼関《どうかん》の守りをかためてがんばるつもりだったが、六か月後の順治二年（一六四五）一月には、その西安からも逃げ出すことになる。というのは、清の軍隊が北をまわってオルドスから陝西へ南下してきたからである。これはちょうど、表門に頑丈なカンヌキをおろしてやれ一安心と思っていたら、敵は裏門へまわってどんどん入ってきたようなものである。いくら表門をふさいでも何の役にも立たない。

李自成はこんどは南へむかって逃げ出した。西安を出る時の軍勢は十三万、途中あちこちの都市を守っていた自軍をかきあつめて一時は二十万ほどになった。とはいえ、このたびは何の目的もなく、ただ逃げるだけの軍だから、士気もなく統制もない。いたる所で弱い人たちを襲っては奪う、最低の流賊に逆戻りしてしまった。

それに、李自成はこれまでずいぶん広い範囲で戦ってきたが、それはすべて中国の北半分である。初めて南へやってきて、地理もわからず気候風土もなじまない。あっちで負けこっちで負けしているうちに、劉宗敏・宋献策以下の大将参謀たちもたいてい死んでしまい、最後は二万ほどになって、湖北通山県の九宮山《きゅうきゅうざん》という山中に逃げこみ、ここで李自成は農民の自警団に殺された。清の順治二年（一六四五）六月、四十歳であった。

最期のようすをもう少しくわしくのべると——

ある日李自成は、二十人ほどの部下をつれて村里近くまで出て行った。偵察のためとも食料集めのためともいう。どっちにしても、皇帝陛下おんみずからとはいかにもわびしい。

それが運悪く村民に見つかった。物騒な時代であるから、山の中の農民も自警団を作っている。それ盗賊が来た、というので百人ほどで取りかこんで全員殺してしまった。李自成を殺したのは程九伯《ていきゅうはく》という農民である。もっとも直接手にかけたのは程九伯のおいだという。

その次第は――、程九伯と李自成が取っくみあいになった。さすがに李自成のほうが強くて程九伯を尻の下に敷き、刀を抜こうとしたが血と泥でくっついて鞘《さや》から抜けない。程九伯は必死に叫びたてる。それを聞いておいが走ってきて、背後から鍬をふりあげて李自成の頭にぶちこんだのだそうである。

殺してからよく見ると龍袍《りゅうほう》という皇帝の服を着ているし、腰には玉璽《ぎょくじ》という黄金造りの大きなハンコをぶらさげている。これはえらいやつを殺してしまったらしいと、二人は大いにおそれをなして、遠くへ逃げてしまった。

ずっとあとになってこの界隈が清の地方政府のもとに安定してから、役所が李自成の最期のようすを調べ、程九伯はごほうびをたまわった（やはり取っくみあった程九伯のお手柄ということになるらしい)。が、それはあとの話。

もとにもどって本隊のほうでは、皇帝が出かけたきりもどらないのでさがしに行ってみると、頭を割られて血だらけになって死んでいる。

翌日から二日間、大順軍の二万の敗残兵たちは、この附近の村々を襲い、三千人ほどの村民を皆殺しにした。

なお、李自成の本隊とは別に、李過《りか》、高一功《こういっこう》などの部将がひきいて南下した大順軍の別動隊は、その後、南京の明朝亡命政府と提携して清に抵抗をつづけた。大順の最後の将軍李来亨《りらいこう》が湖北の茅麓山《ぼうろくさん》で清軍に囲まれて自殺し、大順軍が完全に消滅するのは、李自成が死んでから十九年後、康熙三年(一六六四)のことである。

## 姚雪垠の批判

顧誠『明末農民戦争史』という本には、大順軍の村民虐殺についてこう書いている。

「部下の将士が通山県の一握りの地主武装に対して直ちに報復的打撃を加えたのは当然である」

これは顧誠という歴史学者の書いた文だが、しかしもとよりこれは共産党の見方を表明したものである。そしてこの血も涙もない言い方に、中国共産党の本性が遺憾なくあらわれている。いかに掠奪と殺人のみをこととする敗残兵集団になっていようと、李自成軍は「革命の軍隊」である。その革命軍に敵対するものは、いかに残虐な仕打ちを受けようとそれは「しかるべき報復」なのであり、とばっちりを受けた村民たちといえども、革命の敵対者の仲間である以上、殺されるのは当然のむくいなのだ。——これが共産党の論理である。

なおもう一つ——

中国の書物は——厳密に言うと一つの例外を除いて——程九伯たちを「地主武装」と呼んできた。「悪い階級に属する人間は全部悪人である」「悪い人間はすべて悪い階級に属している」というのが、中国マルクス主義者の善悪二元論的歴史解釈法である。これをこのばあいに適用してみると、程九伯たちは必然的に「地主武装」になるのである。

例外というのは、姚雪垠の『李自成の帰宿問題』（『李自成殉難於湖北通山史証』におさめる）である。姚雪垠はこう書いている。

現代の形而上学的階級論者は、これら大量の史料を直視しようとせず、一概に「地主階級の誣蔑《ぶべつ》の言辞」としてしりぞけてしまう。これは歴史がわかっていないのである。一般庶民と大順軍との間に武装闘争が発生したのを見ると、それはすべて「地主武装」だとだれもが考える。しかし歴史現象というのは決してそんな単純なものではない。

第一に、末期の大順軍は、紀律を維持できず、いたる所で食料を奪い家を焼き人を殺した。地主階級の生命財産を侵犯しただけでなく、人民とも敵対する存在だったのである。

第二に、長江以南では、人民にとって李自成とは、皇帝・皇后を死に追いやり明王朝をひっくりかえした流賊にすぎない。人民大衆というものは皇権主義者であり、強烈な正統観念を抱いているものだ。

第三に李自成が建てたのは正真正銘の封建政権である。歴史学者たちが想像するような「農民政権」なんぞではない。李自成が一貫して地主階級と敵対する立場にあったと考えるのは、歴史の実際に合わない。

当然のことではあるが、きわめて貴重な正気の言である（なお「封建政権」は「反動的・反人民的政権」の意。中国独特の用法）。

姚雪垠といえば、中国の文壇、あるいは広く文化界で札つきの、救いようのないゴリゴリの左派・保守頑迷派である。そのゴリゴリ爺さんにたしなめられるのだから、中国の歴史学界がいかに頽廃しているかということだ。

## 三角関係の処理

二十世紀の中国で李自成ブームを作ったのは、郭沫若の論文『甲申三百年祭』と、姚雪垠の大河小説『李自成』だと先にのべた。

これはもちろん、単なる歴史回顧でもなく、盗賊讃歌でもない。二十世紀中葉の中国の形勢と明末の形勢とがよく似ていることから、きわめてアクチュアルな問題意識で李自成をとりあげたのである。

もう一度明末の形勢を大観してみよう。

正統政権は明王朝である。これに対して、西からは国内の盗賊(あるいは「革命武装」)李自成が挑戦し、取ってかわろうとしている。東には異民族の満洲(清王朝)があって、虎視眈々と中原を狙っている。三者がそれぞれに存続することはあり得ない。最後にはどれか一つが勝って中国を支配する。あとの二つはほろびるさだめである。

結果は、まず、両正面作戦をとって奔命に疲れた明を李自成が倒した。その途端、満洲人が中国に突入して李自成を駆逐し、以後二百数十年にわたって中国を支配した。

そして二十世紀——

正統政権は国民党の中華民国である。西北の延安に拠る毛沢東の共産党がこれに挑戦し、取ってかわろうとしている。関外では日本が東北三省を制圧して「満洲帝国」を建て中国本土侵入の期をうかがっている。

明朝廷イコール国民党政権、李自成イコール毛沢東、満洲イコール日本、という同一図式になっているわけである。このばあいも勝ちのこるのは一つだけである。

もし歴史がそのままにくりかえすものならば、日本が勝ち残って長期にわたって中国を支配することになる。それはもとより中国人の望まぬところである。

この、国内二勢力、国外一勢力の三角関係をどう処理するか、という深刻な関心を持って、明末の歴史が振り返られたのだった。

結局、国内二勢力とも、まず連合して中国を救い、そのあと自分が勝ち残る、という二段構えの戦略を選んだ。当面一致、究極不一致、いずれはこいつと命がけでやりあわねばならぬ、という相手とのかりそめの握手である。

国民党は最初、共産党を平らげて国内を安定させてから総力をあげて日本にあたろうとの戦略方針を取っていたが、一九三六年に戦略の大転換を行い、共産党と連合して日本を防ぐこととした。翌年日本が中国本部への侵入を開始した。国民党と共産党の協同はうまくゆかず、日本は主要都市をことごとく取った。国民党は西の奥地重慶に逃れ、共産党は西北の延安で抵抗をつづけた。

『甲申三百年祭』はこの時点で、李自成を支持する立場で書かれたものである。郭沫若はここで、もし李自成が判断をあやまらず、正しい政策を採用していたならば、中国を夷狄に支配されずにすんだはずだ、と主張したわけである。

その後の現実は周知の通りである。

日本は中国戦線で泥沼状態に陥り、局面打開を求めて米英相手に開戦して、太平洋方面で潰滅的打撃を蒙って降服し、中国大陸からも退いた。残った国民党と共産党の衝突となり、国民党は敗れて台湾へ逃れて亡命政権を建て、共産党が全中国を制圧して、毛沢東が事実上の帝位についた。

## 小説『李自成』の評価

姚雪垠の『李自成』は、この大局が定まった時点で、李自成を支持する立場で、あるいはむしろ、李自成と毛沢東とを重ねあわせる形で、書かれたものである。

姚雪垠がこの大長篇小説の第一巻を刊行してまもなく、「プロレタリア文化大革命」がはじまった。作家はほとんどが階級敵の烙印をおされて淘汰され、たった二人が生き残った。一人は浩然、もう一人が姚雪垠である。

浩然は毛沢東夫人江青のタイコモチである。そして姚雪垠の後楯になったのが毛沢東その人であった。文学関係者が続々と打倒されるなかで、毛沢東は関係方面に「姚雪垠を保護し、『李自成』の執筆を続けさせよ」と指示した。それまで武漢にいた姚雪垠は、毛沢東のお膝元北京に邸宅と二人の助手を与えられて、文革の混乱中も安心して執筆を続けた。

小説『李自成』は当初読者の大歓迎を受けたが、今はあまり評判がよくない。それはもちろん、毛沢東の評判があまりかんばしくないせいである。

わたしは『李自成』を高く評価するものである。これは、中国現代文学史上、初の長篇歴史小説であり、また、すくなくとも現在までのところ、唯一の見るに足る長篇歴史小説である。歴史に関する調査、考証は精到であり、構想は雄大、文章は重厚で古典的格調を具える。崇禎帝をはじめとする明朝方面の人々、ホワンタイジをはじめとする満洲方面の人々の人物描写は特にすぐれる。

しかし、この小説に致命的な弱点があることもまたたしかである。それは、主人公の李自成を極度に美化、あるいは神格化していることだ。

作者が当初から、李自成を毛沢東として描くつもりでこの作品に着手したのかどうか、それはわからない。しかしながら、歴史を現代に投影する傾向の強い中国の風土のなかで、李自成軍、明朝廷、満洲という三角関係をバックに李自成を書けば、人々がそれを、共産党、国民党、日本の三角関係をバックにした毛沢東として受取ることは必至であり、作者もそれは意識せざるを得ない。

しかも、文化大革命がはじまると毛沢東の神格化は極端になった。一方、毛沢東自身が、小説『李自成』の主人公李自成をみずからの投影と認めて作者の保護を命じた。李自成はいよいよ神様にならざるを得ない。

もう一つ、この小説の女主人公である高夫人のことがある。歴史上の高夫人は、李自成が皇帝になった時に正妻であったから皇后になり、李自成の死後一時皇太后としてあつかわれたことがわかっているだけで、具体的な事蹟は何も残っていない。

しかるに文化大革命がはじまると、毛沢東夫人江青が一躍政治の世界に躍り出てきた。そこで小説『李自成』のほうでも、高夫人の比重が俄然大きくなって、ほぼ李自成と拮抗するほどの地位を占めるにいたった。これも、貞淑で、聡明で、勇敢で、しかもやさしい、まったくの女神さまである。なにしろ江青夫人は、文学芸術方面の権力を一手に掌握しているのだから、この人のごきげんをそこねては小説は書きつづけられない。

そうなると、劉宗敏、田見秀以下の武将たちも、紅軍の将領であるからおろそかにはできない。とうとう李自成軍は、馬の飼育係りの爺さんにいたるまで、善良で誠実で親しみやすい、百パーセントの「人民の軍隊」になってしまった。たまにずるいやつやたよりないやつがいると思うと、それはかならずのちに裏切ったり投降したりするのであって、初めから「こいつは革命の隊列にもぐりこんだ異分子ですよ」と親切に予告しているのである。

そういうわけで、中心になる李自成夫妻、周辺の武将や策士たち、およびその軍隊が、極端に理想化されてしまって存在感が稀薄である、というのが小説『李自成』の致命的弱点である。

そのうちに毛沢東が死ぬと、江青夫人は権力争奪戦にやぶれて逮捕され、史上例を見ないほどの悪女ということになった。せっかく天まで持ちあげた高夫人は、ハシゴを外された格好になってしまった。

『李自成』は、全五巻、各巻が二冊ないし三冊という巨篇だが、現実の世の中の移り変りが激しすぎて、第三巻まで出たところで頓挫しているようである（その後作者が死んで、のこされたメモをたよりに秘書がアタフタとしめくくりをつけた）。

先に『李自成の帰宿問題』で見たように、姚雪垠という人は、単細胞プラス腰抜けの歴史学者なんかよりはるかにしっかりした眼光を持った人である。その人の畢世の力作が、上述のごとく、肝腎の中心部分が童話かオトギバナシになり、しかも世の動きにつれて右往左往しなければならない。

すなわち、小説『李自成』は、その内容からその執筆刊行頓挫過程までを含めた全体が、共産党政権下において文学が逢着《ほうちゃく》しなければならない悲劇の体現なのである。

# 第四章　十字架かついだ落第書生

——洪秀全

## オンリー・イエスタディ

洪秀全という男は、十九世紀のなかば、清の咸豊《かんぽう》年間に、南京を中心に「太平天国」というけったいな国を作った盗賊の頭目である。

しかしどうも、この洪秀全というのは、おもしろみのない男だ。

これまで述べてきた盗賊たちは、漢の高祖にせよ明の太祖にせよ大順皇帝李自成にせよ、それぞれに魅力があった。悪党は悪党なりに、何かこう、「英雄の気概」とでもいうようなものがあった。

洪秀全のばあいは、もう一つそれが感じられない。いたってつまらぬ男である。

その洪秀全がこしらえた太平天国というのが、これまたイヤな国である。幼稚で狭量な理想家が、頭だけで考えたことを現実化しようとした一種の共産主義社会なのだが、それが全面的には現実化できなくて、暴力で強制できる部分だけが実際に行われた、残酷で非人間的な「国」だ。

その太平天国を、中国では、学者という学者が競争で「偉大な農民革命運動」と持ちあげる。

現在の中国では、「太平天国研究」というのは、歴史研究のなかでも最も盛んな一分野なのであるが、その「研究」というのがまことにおかしなもので、よく研究してみたらたしかに偉大な農民革命であった、というのではなく、まず初めに「太平天国は偉大な革命運動なり」という動かしがたい前提があってそこから研究がはじまり、とどのつまりはそれがまた結論にもなるという、なんだか堂々めぐりみたいなものなのだ。

もっとも、中国で太平天国がもてはやされるのは、今にはじまったことではない。二十世紀初めごろから、すでにそういう動きがあった。

というのは、太平天国というのは、これを民族的の方面より見れば、漢人の満洲王朝に対する抵抗である。洪秀全は「自分は明の太祖朱元璋の血筋だ。太平天国は明王朝の再興なのだ」と主張していた。だから、二十世紀の初めごろ、「滅満興漢」をスローガンに清王朝を倒そうとした孫文ら革命志士たちは、太平天国を自分らの民族闘争の大先輩としてもてはやしたのである。学者では簡又文という人がこの一派の大将であった。この人は共産党の天下になってからはぐあいがわるくなって香港へ逃げ出した。

これに対して共産党は、太平天国は階級闘争であり、自分らの階級闘争の偉大なる先輩だというのである。学者ではこの一派の大将は羅爾綱という人で、この人は共産党の天下になってからは我が世の春である。

いずれにせよ、中国における「太平天国研究」というのは、歴史の真実を明らかにする

ためのものではなくて、その時その時の政治情勢、ないしは政治的要求とモロに結びつい
て、あっちを向いたりこっちを向いたりしているものなのだ。
王慶成という、太平天国研究のトップリーダーが、人民共和国建国以来の研究史をふり
かえってこう述べている。

広大な史学工作者は、マルクス主義をみずからの指導思想として太平天国研究に従事し、歴史唯物主義の理論と方法にもとづいて、太平天国を宗教革命あるいは民族革命と曲解する偏見をしりぞけ、太平天国は階級圧迫と民族圧迫に反対する偉大な革命闘争であると認めた。

われわれは、マルクス主義の指導のもと、太平天国の歴史に対して科学的研究を行い、その歴史過程に対する認識を深め、労働者階級の指導する革命闘争のみが農民を導いて解放にむかって歩ませ得るという真理を豊かにした。かくて、史学工作者は自己の研究をもって各方面から我が国近代社会発展の法則を解きあかし、直接間接にプロレタリアートの政治闘争に科学的基礎を提供した。(『太平天国研究の歴史と方法』)

すなわち「労働者階級(共産党)のみが農民を解放できるという真理」を証明するこ

と、「プロレタリアート（共産党）の政治闘争に参考資料を提供すること」が、彼らの太平天国研究の目的なのである。

なおここで「科学的」ということを言っているが、それは、靴に合わせて足を切るようにマルクス主義の理論に合わせて中国の歴史を切る、ということで、われわれの考える「科学的」とは全然意味がちがう。

ついでに彼らの「学術論争」なるものを一つのぞいてみましょう。

李秀成という人物がいる。太平天国後期の将軍で、最後は官軍につかまり、約五万字という相当長い自供書（内容は太平天国の概史になっている）を書いて死刑になった男である。どうせ殺されるのになんで自供書なんか書いたのかと思うが、当人は正直に自白すれば命は助けてもらえると思って書いたものらしい。

一九六三年に戚本禹《せきほんう》という学者がこの李秀成についての論文を書いて、「彼は太平天国革命史上大きな役割をはたしたけれども、最後には革命の気節を失い、太平天国の革命事業を裏切った」と述べた。これはどうも、当時の共産党指導部のある具体的な人物（劉少奇かだれか）を指して言ったものらしい。ということは、毛沢東ないしその側近が、その「ある人物」を攻撃するのにあまりむき出しにはやりにくいから、戚本禹に「李秀成は裏切り者だ」と書かせたのである。

戚本禹は一時は飛ぶ鳥落す勢いの花形学者だったが、共産党上層部の力関係が変ると粛清されてしまった。そしてその「ある人物」が名誉回復すると、歴史上の李秀成もめでたくもとどおり「革命英雄」になった。

先の王慶成が同じ文章でこう書いている。

戚本禹がおこした李秀成批判は、あきらかな政治陰謀を含むものであり、しかも歴史を利用して陰謀をくわだてたがために、太平天国の歴史に対しても重大な危害を加えた。

李秀成批判運動は、具体的な歴史問題を政治問題に変え、討議を許さず、悪質なやりかたで違う意見を袋叩きにしたのみならず、研究方法の上でも非科学的な傾向を助長した。それは、歴史上の人物に対して、科学的な研究をするかわりに政治的鑑定を加えるというやりかたである。

戚本禹が威張っていた時期、太平天国研究は「ウソの繁栄、まことの窒息」の状態におかれていた。

これこそまさしく「目クソが鼻クソを笑う」というやつだ。李秀成を「革命の裏切り者」というのが「政治的鑑定」なら、「革命英雄」というのも「政治的鑑定」である。威本禹が威張っていた時期が「ウソの繁栄、まことの窒息」なら、王慶成が羽をのばしている時期も同様に「ウソの繁栄、まことの窒息」である。共産党の掌の上で共産党の鼻息をうかがいながら情勢に合わせて右往左往していること、少しのちがいもない。

そういう次第で、中国における「太平天国研究」というのは、歴史の真実を明らかにしようというものではなくて、その時その時の政治的要求に合わせて歴史のほうのお化粧を変えてごらんに入れようという、まことになまぐさいものなのである。

しかしまた考えようによっては、太平天国はそれだけ現代に近いのである。なにしろそれは、つい百数十年前、中国の長い歴史のなかでは、ほんの昨日のできごとなのだ。

## 一族の期待を背に

洪秀全は、広東《カントン》省の客家《ハッカ》の人である。生れたのは清の嘉慶十八年(一八一四)、わが国で言えば江戸の文化年間、十一代将軍家斉の時代にあたる。

客家というのは——これはちょっと説明がむずかしいが、広東など中国の南方諸省に住む特殊な人々である。種族がちがうわけではない。同じ漢人である。ただ、比較的近い時代に北のほうから集団で移動してきて南方各地に住みついたので、もともと当地に住んでいる人とはよほどちがう。まずことばが全然ちがって、客家語ということばを使う。風俗や習慣もちがう。あとから来たので、いい土地は先住者が住んでいるから、偏僻な所にかたまって住みつき、概して貧しい。先住者からは一段レベルの低い連中と見られている。そういう人たちである。二十世紀後半現在で二千万人くらいいるそうである。

洪秀全が生れたのは広州のすぐ北の花県《かけん》という町の郊外の農村である。生家は、客家としてはまあまあ生活の楽なほう、という程度であった。父親は三男坊の洪秀全に子供のころから勉強をさせた。

従前の中国社会は、書物を読む少数の人と書物を読まない大多数の人との二つのクラスからできている。その書物というのは「四書五経」などと総称される古典である。

書物を読む人は、だいたい地主で資産家で勢力家で、「科挙」という試験を受けて官僚になる。こういう人たちを士大夫《したいふ》とか読書人とか紳士とか言う。

書物を読まない人は肉体労働に従事する。孟子が「心を労する者は人を治め、力を労する者は人に治められる」と言っているように、前者が支配層、後者が「民」とか「庶」とか呼ばれる被支配層である。

読書人と庶民との人口比率は、時代によってちがうが、まあだいたい、読書人が五に対して庶民が九十五、くらいであったろう。ただしこの二つのクラスのあいだは存外流動的である。ふつうの庶民の家でも、子供に勉強をさせて、その子が科挙に合格すれば、たちまち支配階級に乗り移れる。その意味では、昔のヨーロッパや日本などよりも、平等でチャンスの多い社会であった。

ただ子供に勉強をさせるというのはたいへんにお金がかかる。特に従来書物を読む人間が一人もいない一族のばあいは、かならず学校へ行かせるなり家庭教師をやとうなりしないといけないから、いっそうお金がかかる。

そこで、一族のなかで向上心と指導力のある男が、一族の子供たちのなかで比較的かしこそうなのに目をつけてその子に科挙を受けさせる計画を立てる。他の一族全員は、歯をくいしばって働き、爪に火をともす切りつめた生活をして、一人の男の子の勉強にすべての希望を託する。十何年もしくは何十年の辛苦ののち、うまく行ってその子ないしはその子の子が合格して官僚になれば、その地位と声望と収入とはもちろんその子一人のものではなく、一族全員の長期にわたる努力の果実なのであるから、当然全員が享受する。わるい言いかたをすれば、みんなでたかる、その結果、一族の他の人々の子や孫も、小さいころから勉強できるようになる。

この計画が成功すれば、一族全体がその子にすがって這いあがり、やがていわゆる「書《しょ》香《こう》の家」(書物の香りのする家柄)になるのである。

## 夢のお告げ

洪秀全は、そのように一族から選ばれた子であった。

洪秀全の宿敵である曾国藩《そうこくはん》もまた、そのような子であった。

曾国藩というのは、皇帝の依託を受けて「湘軍《しょうぐん》」という子飼いの私軍を組織し、太平天国を平らげた、清朝の大臣である。先にのべた李秀成をつかまえて、自供書を書かせてから殺したのもこの曾国藩だ。年は洪秀全より三つ上である。

この人は、湖南省の農家の生れだが、おじいさんというのがなかなかの偉物《えらぶつ》で、農業のほかに養魚や養豚をやって稼ぎ、むすこ（すなわち曾国藩の父）に教育を受けさせた。残念ながらこれは凡才で物にならなかったが、幸いその子が隔世遺伝の英才で、科挙に合格して大学者・大官僚になったのである。

洪秀全の父親は、客家にしては生活の楽なほう、というのだから、身代《しんだい》は曾国藩の祖父におよばなかったかもしれぬが、子供に学問をさせて一族のグレードアップを図った、という点では同じである。男の子三人のうち上の二人は並だったので畑で働かし、幼時から利発だった三男坊を村の塾へ行かせたのだ。

ところが洪秀全は曾国藩とちがって、何度科挙を受けても合格しなかった。こういう一家一族の這いあがりの希望を一身にになった子にとって、たびかさなる落第というのはずいぶん精神的負担が大きかったにちがいない。

道光十七年(一八三七)、二十四歳で三度目の落第をした時は、ショックのあまり熱病になり、担架にのせられて帰郷、四十日間意識不明で、飯も食わずに寝ていた。このあいだに、洪秀全は不思議な夢を見た。これが太平天国のきっかけになる重大な夢であるというので、洪秀全の伝記や太平天国の歴史などはかならず詳細にこれを紹介し、さらに分析を加えたりなどしている。

それは、簡単に言えば、壮麗な宮殿で一人の老人および一人の中年男に会い、「悪魔を退治せよ」という指示を受けた、という内容の夢である。

夢なんてものは見た当人しか知らないことで、洪秀全がほんとにそんな夢を見たのかどうか誰にもわからないが、この四十日間の意識不明のあと、すこし頭がおかしくなったのはたしかであるようだ。「ぼくは中国の皇帝になった」などと途方もないことを口走るので、父や兄たちは人に会わせぬようにしたとのことである。

その六年後、三十歳の時に、洪秀全は四度目の受験をしてまた落第した。

## エホバの子として

ちょっと話がさかのぼるが、洪秀全が生れたころから、キリスト教（プロテスタント派の新教）の宣教師が広東省で布教を始めていた。彼らが中国人むけに作った『勧世良言《かんせいりょうげん》』という宣伝パンフレットがある。聖書の抜萃《ばっすい》と、儒教・道教・仏教に対する批判から成る冊子である。洪秀全は二十一歳のころ二度目の受験のため広州へ行った時、街でこのパンフレットをもらった。しかし当時の洪秀全はキリスト教などにはまったく関心がなかったから、のぞいて見もしないでどこかにほうりこんだままになっていた。

そのあと三度目の受験にまた落ちて熱病にかかった時に例の夢を見て、さらに六年後四度目の受験にまたまた落ちたあと、ふとしたことからこの『勧世良言』を読んでみて、どえらい衝撃を受けた。そこに書いてあることと、六年前に見た夢とがピッタリ符合したのである。なんと、夢に出てきた老人はエホバの神さまでこれが自分の父親、中年男はイエス・キリストで自分の兄貴、だから自分は神さまの次男で、イエス・キリストの実の弟で、その父と兄から、悪魔を打ちこらして世を救えという使命をさずかっていたことがわかったのだ！

……というのですがね、これが曲りなりにも子供のころから勉強してきて、三十にもなった一丁前のインテリの考えることかね。どうも洪秀全という男は、三べん目の落第で熱病にかかったころからちょっと頭がおかしくなりかけていて、四へん目の落第がとどめの一撃、家族郷党の期待の重圧とそれにこたえられなかった恥しさ、面目なさから、とうとう完全にイカれてしまったのであるにちがいない。

あるいは、洪秀全というのがもうすこし冷静でしぶとい男だとしたら、こう考えたのかもしれない。――科挙に合格して高官になって金と地位と名誉を獲得するコースは、どうやら見こみがない。かといって、村の塾の先生になって（実際彼は試験と試験のあいだはアルバイトで塾の先生をしていた）、ガキの相手をして生涯を終るというのも胸糞がわるい。奇想天外の妙着《みょうちゃく》、新興宗教の教祖になって天下に名をあげ、おれをバカにする村のやつらをアッと言わせてやろう……。

そこで、夢でエホバとキリストに会って使命を与えられたの、エホバのせがれでキリストの弟だのという、まともな人間には通用しないが山間僻地の愚民ならひっかかるやつもありそうなストーリーを考えたのかもしれない。

さもなければ、六年も前に見た夢を正確詳細におぼえていたというのが、あまり信じられない話である。

## 教祖開業

頭がイカれて始めたのか冷静に裏街道を行く計画のもとに始めたのか知らないが、ともかく四度目の落第の年、道光二十三年（一八四三）、三十歳の時に、洪秀全は「拝上帝教」という新興宗教を始めた。「上帝」とはエホバの神である。だから「拝上帝教」とは「エホバを拝む教え」という意味だ。

この洪秀全の新興宗教は、エホバだのキリストだのというのだからキリスト教にヒントを得ていることはたしかだが、キリスト教そのものではない。だいたい洪秀全は、パンフレットを一つ読んだくらいのことで、そんなにキリスト教にくわしいわけではなく、ましてキリスト教の土台にあるヨーロッパの社会や考えかたなどは全然知らない。洪秀全の頭にあるのは、子供のころから受験用の四書五経で叩きこんだ儒教の考えだけだから、拝上帝教というのは、儒教倫理の体《からだ》にキリスト教の服を着せたような中国的新興宗教である。「妖魔《ようま》」を退治して、孔子の指し示した「大同の世」（公平・平等な世界）を作ろう、というのがその主旨であった。

儒教倫理の体、と言ったが、しかし拝上帝教には、儒教倫理が持っているはずの寛容さというものがない。異端に対する、あるいは規律に従わぬ者に対する容赦のない厳しさは、キリスト教から来たものか、洪秀全の性格なのか、ともかくその厳しさが、太平天国の成功の原因ともなり、滅亡の原因ともなっている。すなわち太平天国は、その厳しさによって強い軍隊を作ったことで成功し、味方にも容赦しない苛酷な内ゲバでほろびたのである。

洪秀全は、馮雲山《ふううんざん》という同い年くらいの男を語らって仲間にし、二人で布教活動を始めた。

この馮雲山という男は、境遇も洪秀全とよく似ている。比較的豊かな客家のむすこで、子供のころから勉強したが科挙に合格できず、塾の先生などをしていた。

入信してからの馮雲山は、献身的に布教活動をやること、むしろ教祖より上であった。そこで洪秀全は、馮雲山をエホバの神さまの三男にしてやった。

もっとも、二人の布教の成果は、広東ではあまりあがらなかった。二人は西の広西省《カンシー》へ出かけて行って、山地に入って農民たちに神の教えを説いた。こちらでは大成功で、どんどん信者がふえた。

馮雲山の立派なところは、神さまの三男になってからもいばらず、あくまでも、えらいのはキリストの弟である「洪先生」であって、自分はその配下の布教者にすぎない、という態度を堅持したことだ。だから、馮雲山が一人で山の中の村へ入って行って、「神さまがおまえたちを救うためにおんみずからの次男である洪先生をこの世につかわされた」と十分宣伝しておいてから、その「洪先生」が姿を現わすと、人々は有難がって洪秀全をふし拝んだ。

**首脳五人組**

二人が布教をしたのは、広西省の紫荊山区《しけいざん》という所である。広大な山地にポツリポツリと小さな村がある所で、近くには大した町もない。この紫荊山区を中心に、時には周辺へも足をのばして、二人は六年ほどのあいだに、一万人ほどの信者を獲得した。

そのなかに、拝上帝教の指導部メンバーになったのが四人いる。

一人は楊秀清《ようしゅうせい》といって、本職は炭焼き、年は洪秀全より少し若い。地位は馮雲山の一つ下で、エホバの神さまの四男。

一人は蕭朝貴《しょうちょうき》。広西には多いチワン族である。本職は同じく炭焼き。年は楊秀清と同じくらい。これが五男。

一人は韋昌輝《いしょうき》。年は右の二人より少し下。こいつは金持ちの地主のせがれで、「国子監生《こくしかんせい》」(国立大学の学生)の籍を金で買って、それを看板に書いて門にかけていたというケチな田舎文化人である。これが六男。

もう一人が石達開《せきたつかい》。これはまたずっと若く、洪秀全より十七も年下で、入信した時はまだはたちまえの少年だった。富裕な客家農民のせがれ。エホバの七男。

その後の経緯などを見ると、この四人のうち、ややまともなのは一番若手の石達開一人だけであったようである。

この四人を加えて、次男の洪秀全から七男の石達開まで六人、序列がキチンとしているように見えるが、それが必ずしもそうでないからややこしい。

というのは、時々、楊秀清にエホバの神が、蕭朝貴にイエス・キリストが乗り移るからである。乗り移っているあいだは、もちろん洪秀全より楊秀清と蕭朝貴のほうがえらいし、そのしゃべることばは、父の命令、兄の指示であるから、洪秀全といえども絶対服従しなければならない。

これは、わが国の「神おろし」「口寄せ」にあたるものである。中国でもずっと昔から民間にあり、特に南方では盛んだったらしい。

初めのうち、エホバやキリストが両人に乗り移って言うことは「洪秀全こそは、神の子、キリストの弟で現世の王であるぞ」とか「秀全よ、弟たちをひきいて天下を平定せよ」とかの御託宣であったそうだから、おそらくは洪秀全と両人とがしめしあわせて無知の信者たちをたぶらかし、洪秀全を神格化する芝居だったのだろう。

ところがそのうちに楊秀清が、人の前で神さまが乗り移ったふりさえすれば大将の洪秀全がかならずペコペコすることに気づいて、しょっちゅう神がかりになっては「こら秀全、おまえはもっと楊秀清を尊重せねばならぬぞよ」などと言うものだから、そのうちにだんだん、どっちのほうがえらいんだかわからなくなってきたのである（キリストの蕭朝貴は早い段階で戦死した）。

## 金田村の旗あげ

道光三十年（一八五〇）から翌咸豊《かんぽう》元年（一八五一）にかけて、拝上帝教徒たちは、紫荊山区の金田村《きんでんそん》という村を中心に武装闘争を始めた。

「……にかけて」とはアイマイな言いかただが、それはこういうことだ。洪秀全は各地の教徒たちに「地区ごとに集合し、金田村へ集まれ」と指令した。教徒たちは家屋・田畑・家財等を処分し、一家をあげて各地区の集合地に集まる。そろったところで金田村へむかう。あやしげな集団がぞろぞろ移動してゆくから、村々の自警団や官兵が阻止しようとし、衝突がおこる。そんなふうにして闘争がはじまったから、何年何月何日というハッキリした旗あげの日はないらしいのである。

それにしても教徒たちを集めたのは、いよいよ武力で清王朝に対抗することに決めたからであることはまちがいない。

なぜいよいよやることにしたのか。一つには洪秀全が新興宗教の教祖だけではあきたりなくなったのだろう。もう一つは、拝上帝教は偶像崇拝に反対していたから、教徒が各地の廟《びょう》にまつってある孔子の像を叩きこわしたりする。当然各地の知識人や勢力家や一般民衆の反感ないし攻撃が強まる。これに対して団結して実力で対抗する必要が生じてきたのであるらしい。

洪秀全と教徒たちは、咸豊元年の秋ごろまで、金田村を中心に流動しながら戦い、十月に金田村の百キロほど北の永安州《えいあんしゅう》というちょっと大きな町を取って、翌年四月までここにいた。最初旗あげした時は総勢一万人くらいだったのが、だんだんふえて三万人くらいになっていたという。もちろん老人も女も子供もふくめての数である。

このあいだに、だんだん組織ができてきた。

まず国名を「太平天国」とし、洪秀全が「天王」の位についた。「宋」とか「明」とか「清」とかの一字名前じゃなくて「太平天国」、「皇帝」じゃなくて「天王」、というところが、多少洋風ですね。「人民共和国」とか「主席」とかに近くなっている。

首脳陣にも役職と封号がついた。

エホバの楊秀清が「左輔正軍師、中軍主将」で「東王」、キリストの蕭朝貴が「右弼《ゆうひつ》又正軍師、前軍主将」で「西王」、

馮雲山が「前導副軍師、後軍主将」で「南王」、
韋昌輝が「後護又副軍師、右軍主将」で「北王」、
石達開が「左軍主将」で「翼王」、
というのである。
それぞれみんな立派な名前であるが、そのほかにおのおの称号がある。
東王楊秀清が「九千歳」、
西王蕭朝貴が「八千歳」、
南王馮雲山が「七千歳」、
北王韋昌輝が「六千歳」、
翼王石達開が「五千歳」、である。
そしてもちろん、
天王洪秀全は「万歳」、なのだ。
こんな称号、何千歳だろうとどうせ称号通りには生きられないにきまっているのに、当人たちにとっては一大事で、のちに東王の楊秀清がエホバを笠に着て「おれも万歳に格上げしてくれ」と無理難題を言い出し、洪秀全と大喧嘩になる。

## 李秀成参軍の次第

戦いが始まると洪秀全は軍規を定めた。五条あって、

一、命令に従え。

二、男軍と女軍とを分けよ。

三、いささかも犯すな。

四、協調して指導者のきまりを守れ。

五、力をあわせ、ひるんだり退いたりするな。

以上のうち三の「いささかも犯すな」(秋毫莫犯)というのは、昔から天下を狙う大盗賊がかならず言うことで、一般人から金や物を奪ったり、あるいは女を犯したり家を焼いたりしてはならぬ、ということである。太平天国軍のばあいには、民家に右足を踏み入れた者はその右足を、左足を踏み入れたものはその左足を斬る、というきびしいものであったという。

この軍規は、八十年ほどのちの毛沢東の「三項紀律六項注意」によく似ている(のちに「注意」が二つふえて「三大紀律八項注意」になった)。その「三項紀律」は「行動は指揮に従え」「労働者農民からいささかも物を奪うな」「土豪から奪ったものは組織に納めよ」であり、「六項注意」は、売買は公正にせよ、とか、物を借りたら返せ、こわしたら弁償

せよ、とかいうものである。文言はすこしちがうが発想は同じで、「規律に従って統制ある行動をする」、「一般民衆の反感を買わないようにする」という二つの柱から成っている。

ただし、右はあくまで規則である。そういう規則があればその通りに行われた、と考えるのは、制限時速五十キロの道路では誰もが五十キロ以下で走っている、と思うのと同じで、現実的ではない。

だいたい何万という人間が、米を作るでも豚を飼うでもなく、毎日何か食って動きまわっているのだから、いずれ何らかの方法で他人の食べものを頂戴しているにはちがいないのである。

先にご紹介した李秀成——曾国藩につかまって処刑されたあの将軍——が、太平天国軍に参加したいきさつを例の自供書のなかでこう述べている。李秀成は大黎里《だいれいり》という村の農民で、太平軍がこの村を通過した時に一家そろって参軍したのである。

西王と北王の軍が大黎里に五日間駐屯し、里内の穀物や衣食など、村々を通るごとにみな取り、民家では穀物を深い山中に運びこんだが、それも持ち去られた。西王は私の家の近くの村の民家に泊り、こう布告した。「すべて上帝を拝む者は逃げなくてよい。みんないっしょに飯を食うのだから逃げるには及ばない」。私の家は貧乏だったから食うものがあれば逃げることはない。参軍する際、拝上帝教に帰依した者はみな、家に火をつけて焼くよう命ぜられた。人々は貧乏で食うものがなかったから太平軍について行ったのである。田舎の者たちはこれからの長途の旅のことも考えず、村を遠く離れてもあとをふりかえる者もなかった。それに、うしろから官兵が追ってくるのだから、そのほうがこわかった。

李秀成という人は、子供のころに三年間ほど母方のおじさんについて勉強したことがあるとのことだが、あまり文章など書いたことはなかったのだろう。その上この自供書は、毎日七千字のスピードで書いたという。飛躍があり重複があり、文章のつながりのわるい所や意味不明確の所もあるという典型的悪文であるが、だいたいの事情はわかる。

太平天国のことを書いた本（中国のものも日本のものも含めて）には、太平軍はいたる所で貧しい農民たちに大歓迎された、と書いてあるが、あまりそのようではない。「逃げるには及ばぬ」としきりに言っているところを見ると、やっぱりたいていは逃げたのである。そしてまた「入信する者は逃げなくてよい」と言っているから、入信する気のない者にとっては、逃げたほうが得策だったのだろう。

家にある食料はもとより、山の中にかくしたのまでさがし出されて取りあげられる。「入信します」と言ったら家を焼かせられる。これじゃ食うものもなし住む家もなし、一家そろってついてゆくほかない。「農民たちは続々と革命軍に投じた」と史家たちは言うが、ありようは食いものについて行っただけのことである。

それはそのはずで、農民が「革命」だの「理想」だのという抽象的なもののために、そう簡単に土地を離れるわけがない。盗賊に加わるということは、生れ育った村、田畑、農業を決定的に捨てて、流れ歩きながら人の物を取って食う生活に入ることだ。太平軍であれ共産軍であれ、「革命に参加した農民」というのは、もともとまともに農業などやっていない農村の閑民か、先の見込みのない次男、三男、さもなくばこのばあいのようにやむなくついて行った人たちだと思ってまちがいないだろう。

## 「長髪賊」

太平天国軍は、咸豊二年（一八五二）六月に古巣の広西から北の湖南に入って北上し、湖北・安徽《あんき》を経て、翌年三月南京に達した。

この九か月ほどのあいだの太平軍はまったくの流賊である。一つの町を取っては、しばらくすると放棄して次へ移ってゆく。そういう方式でまっすぐ長江まで北上し、そのあと長江ぞいに東へむかって南京でとまった。

　この間、湖南での官兵との戦いで、洪秀全の当初からの盟友であった南王馮雲山が戦死し、ついでキリストの西王蕭朝貴が戦死した。

　太平軍の人数はものすごくふえた。当初一万人くらい、湖南に入った時三万人くらいだったのが、湖北の武昌を取った時には五十万人、南京を取った時には二百万以上になっていた。うち戦闘員は十万くらいという。男女の比率は、男百八十万に対して女三十数万くらいだったそうである。

　大きな都市を取るようになると掠奪の対象も変って、もっぱら金持ち物持ちから奪うようになった。これを歴史家は「貧乏人を愛護して搾取者に打撃を加えた」とほめそやすが、それはどんなものだろう。昔から盗賊は金持ち物持ちを狙うにきまっている。広西の山村では大した金持ちもいないから貧乏百姓のかくした食いものまで取ったが、都市へ行けばそんなセコいことをしなくても一発でゴッソリ取れる所がいくらもあるから、そういう所からいただいたのだろう。

　清朝の地方政府の役人などに対しては厳酷な態度で臨んだようである。太平天国は当初から、妖魔満洲王朝を倒して漢人の手に天下を取りもどすのだと呼号していた。その意思表示として太平軍に入った者は辮髪《べんぱつ》を切り長髪にした。辮髪というのは満洲の風俗で、脳天をつるつるに剃り、後頭部の髪を縄状に編んで長く垂らしたものである。清朝はこれを漢人にも強制していた。太平天国はそれをやめて髪をのばしたので、太平天国のことを清朝側は「長髪賊」と言い、民間では「長毛《チャンマオ》」と称していた。

この「滅満興漢」の主張を、広西を出てからは特に強調し、満洲王朝の手先たる政府の役人をやっつけたのである。

## 太平天国軍に加わった人たち

太平軍に参加する者の種類も、湖南に入って以後はだんだん変ってきたようだ。まず土匪や会匪《かいひ》がつぎつぎと集団ぐるみ入った。

土匪というのはその土地その土地の盗賊である。

会匪というのは、「天地会」およびそれに類するやくざ集団である。これは中国南方の各地にあったが、全体としての組織や指導部があるわけではなく、各地の各集団が勝手に活動していた。天地会という名前は「天を父とし地を母としてうやまう」という意味らしいが、「添弟会」と書いてある史料もある（「天地《テイエンデイー》」と「添弟《テイエンデイー》」は発音が同じ）。清初からあり、主旨は一応「清を倒して明を復興する」ということになっているが、政治団体というほど高級なものではなく、ならず者の集団である。

その支流で哥老会《かろう》、小刀会、紅銭会等々というのもあって、みな同類である。のちの共産軍の総司令朱徳も哥老会のメンバーで、入会の時手首を切って酒にたらし、かための盃《さかづき》をしたと、スメドレーに語っている。

土匪や会匪が太平天国に集団で加わったのは、太平天国は組織がしっかりしていて強いから、「寄らば大樹のかげ」ということだったのだろう。

もっとも天地会の親分のなかには、太平軍に入ってはみたものの「神さまを拝め」とか「女を犯すな」「アヘンを吸うな」「奪ったものは組織に納めよ」などとうるさいことばかり言うものだから閉口して逃げ出し、官軍に加わった者も少なからずあったという。官軍はそんなやかましいことはいっさい言わなかったらしい。

個人的に太平軍に入る者も、湖南へ出て以後は、鉱夫や水運関係者が多くなったようだ。

中国には昔から各地に石炭や鉄などを掘る官営の鉱山があって、そこで働く鉱夫には乱暴者が多く、よく騒ぎをおこす。明末の際も、李自成らの陝西の賊は逃兵や駅卒が主力だったが、河北や山東の賊は鉱夫出身が多かった。一九二〇年代に毛沢東が湖南・江西省境であばれ出した際も、主力の一つは鉱夫である。

それから長江沿いの地区には、水夫、船曳き（船に長いロープをつけて川岸を歩いて船をひっぱる人夫）、港の積みおろし人夫など水運関係の労働をする者が多く、これも気の荒いのが多かった。元末の際、長江流域に国を建て、最後は朱元璋にほろぼされた陳友諒も、子分の多くはこれら水運関係者であった。

そういう連中がどんどん入ってきたので、たった九か月のあいだに三万から二百万にもふくれあがったのである。

## 「天京」の新宮殿

洪秀全は咸豊三年（一八五三）三月に南京を占領すると、ここを「天京《てんけい》」と改名して太平天国の首都とし、天京およびその支配下地域で理想国家建設にとりかかった。

まず天京に広大壮麗な宮殿を建てて、これを「天王府」と称した。

いったい中国の歴史は王朝交代の歴史であるが、新しい勝者が天下を取ると、前の王朝の宮殿に火をつけて景気よく焼いてしまい、新しく自分の宮殿を作る。秦の始皇帝が建てた阿房宮を楚の項羽が焼いた時は、三か月のあいだ燃えつづけた、というのは有名な話である。われわれ日本人はケチだから、「なんともったいない、そんな立派な建物があるのならありがたく使わせてもらえばいいのに」と思うが、中国人は太っ腹だからそうは考えない。天下を取ったということは全中国の富を手中にしたということなのだから、宮殿くらいはいくらでも建てられるし、新しい宮殿を作ってこそ「こんどはオレが中国の主《ぬし》になったのだぞ」ということを天下に示すことができるわけだ。日本の明治の天皇が、維新で天下を取りながら徳川将軍の旧宅に住みついたのなんぞは、中国人から見れば、ずいぶん不景気な話なのである。中国人なら江戸城は燃やしてしまって丸の内あたりに新宮殿を造営するところだ。

そんなわけで王朝が代わるたびに前代の立派な建造物をどんどん焼いてしまうものだから、中国は古い国のわりには古い建物がない。建物だけ見ると中国より日本のほうがよっぽど古い国のように見えるのはそういうわけである。

新宮殿の造営を新王朝創建の目印にするのは、中華人民共和国の人民大会堂にいたるまで綿々としてつづいている（人民大会堂といったって人民が入れるわけじゃない。共産党の宮殿である）。

中国歴代の王朝で、前王朝の宮殿をそのまま使ったのは、満洲族の清朝だけである。満洲人は日本人と同じく弱小民族でシミったれだから、明の紫禁城をありがたく拝借したのである。

もとにもどって洪秀全だが、南京は江南第一の大都市だからもちろん壮大な建物はたくさんあった。それらをぶっこわして、新しく宮殿を作った。そして洪秀全はその奥深い所に、百人をこす妻妾と千人以上の女官にかこまれてとじこもってしまい、時々その奥から最高指示を発するだけで、ちっとも外へ出てこなくなってしまった。政務や軍務は、東王の楊秀清、北王の韋昌輝、翼王の石達開がやることになった。

太平天国のやったことで従来の盗賊とちがうのは、男女の区別をむやみに厳格にしたことである。旗あげの時から、男軍と女軍を分けて接触を禁じ、夫婦で参軍した者でも会話も許さないというほどきびしく取りしまっている。ところが天王洪秀全をはじめ王たちは、当初から妻妾を伴っていたというのだから不公平な話である。——いや不公平と思うのはわれわれの偏見で、王と兵士とはまるっきり別格であったらしい。

東王の楊秀清などは若いの（というより幼いの）が好きで、十代の美人ばかりを身辺にはべらせて戦争していたそうだ。

もっとも同じく王といっても、例の、万歳、九千歳、八千歳……と同様女の子の数にもランクがあって、天王は百人、東王は三十六人、北王は十四人、翼王は七人、ときまっていたそうだ。

どこから割り出した数なんでしょうね。

## いっさいの私有財産を認めない

南京を占領してまもなく、洪秀全は「天朝田畝制度《てんちょうでんぽ》」という法令を発布している。これは太平天国という国家の基本的な仕組みを規定した、いってみれば憲法みたいなものである。

この「天朝田畝制度」というのは、共産主義に非常に近いもの、あるいは共産主義そのものであって、その根本は、いっさいの私有財産を認めない、ということである。だから農村では、すべての土地は神のもの、そこで出来る農作物もみな神のもので、それを神の子である天王の手もとにいったん集めた上で、すべての人に公平均等に分けあたえることにした。

これは共産党の人民公社——土地はもとより農器具や家畜にいたるまですべて公の物(つまり党のもの)とし、党の指揮のもとに全員整然と働いて、収穫は党がすべての人に平等に分け与えるというやりかたとまったく同じである。

都市においては、商業というものがいっさいなくなった。商人や資産家の持っている金や物はこれを神に貢納させ——つまりは没収して、国庫(「聖庫」と称する)に入れた。日常生活に必要な、食品、衣服、器具などはなくては困るから、豆腐屋も靴屋も大工左官もみな公務員にして職種ごとに組織し、生産物は太平天国の官庁が分配した。

一番変っているのは、男と女を分離する軍のやりかたを、そのまま都市の生活に持ちこんだことである。「男館」と「女館」という施設をもうけて、すべての男子を男館に、すべての女子を女館に収容し、妻が夫のいる男館へ行って物を手渡すことさえ禁じた。

なんでこんな無茶なことをやったのかというと、天京を中心に国を建ててからも、周辺では官軍との戦争がつづいている。だから都市住民もすべて軍隊式の編成にしてしまったものらしい。しかし太平天国の強圧をもってしてもさすがにこれは無理だったようで、逃亡者は続出する、男館では鶏姦《けいかん》が盛行する、女館では女装した男がもぐりこんで婦人を妊娠させる、等々の混乱が生じて、数年のうちになしくずしにやめてしまったようだ。

なお、右のような「天朝田畝制度」にもとづく諸施策も、先の軍規と同じで、そう決めたということと、その通り実行されたかどうかとは別である。概して言えば、商業の廃止、男女の分離などの都市での施策はかなり厳格に実行されたが、農村の共産主義は実際にはそれほど行われなかったようである。

この「天朝田畝制度」を中国の学者はこう評価している。

「天朝田畝制度」は、洪秀全が「原道救世歌」「原道醒世訓」（これらは洪秀全が初期に拝上帝教の教義をわかりやすく述べた文書——高島注）などの著作の平等思想にもとづいて出したものである。これは、農民の土地問題を解決する綱領であったのみならず、政治、思想、文化および生活などの各方面にわたっていた。これ以前、中国農民戦争の歴史上、このように体系的な綱領が出現したことはなかった。「天朝田畝制度」の誕生は、太平天国が中国農民革命を一つの新たな高みへと推し進めたことを示している。

「天朝田畝制度」は、「敵を殺す」ことと「田を耕す」こととを結びつけて、洪秀全思想のレベルの高さを体現している。彼は一貫して敵を殺すことを忘れず、同時に農業生産を発展させることをも忘れなかった。農民革命の闘争目標は、この綱領のなかに完璧に明確である。（茅家琦『太平天国興亡史』一九八〇年）

ここで「敵を殺すことと田を耕すこととを結びつけた洪秀全思想」と言っているのは、「革命を掌握し、生産を促進せよ」という「毛沢東思想」と重ね合わせているのである。

ところが、同じ茅家琦先生主編の『太平天国史研究第一集』（一九八五年）になると、「天朝田畝制度は空想の産物であって、資本主義生産へとむかう時代の流れに逆行し、現実性を持たない落後的・反動的なものであった」という論文を堂々とのせている。素人は「アレマア！」とびっくりするかも知れないが、実はちっとも不思議ではない。一九八〇年から八五年までの数年のあいだに、中国共産党が人民公社を撤廃し、完全平等主義は生産の発展を阻害する落後的・反動的な考えだ、と言い出したからなのである。

中国の学者の学説の変化というのは、研究の結果内発的に生ずるものではさらさらなく、現実の政策の変化にスライドしてどうにでも変るものであること、つまりそれは、そもそも「学説」などと呼べるようなシロモノではないことを、これは示しているのである。

## 天王と東王のケンカ

天王洪秀全と東王楊秀清とは、南京を占領した直後から仲が悪かった。

前にも言ったようにこの二人は、ほんとうのところどっちのほうがえらいんだかよくわからない。もちろん当人自身をとってみれば至尊の天王たる洪秀全のほうがえらいにきまっているが、楊秀清にはエホバの神さまが乗り移るという奥の手があって、この時は洪秀全もはいつくばるよりほかない。しかも楊秀清はしょっちゅうこの奥の手を出す。いつ乗り移って何を言い出すかは楊秀清の勝手次第だからまことにしまつがわるい。

昔少人数で布教していたころみたいであれば、二人きりになる機会もあって、「おまえもうそろそろその芝居やめてくれよ」と頼むこともできただろうが、今や天王と東王となると、常にまわりにおおぜいのおつきがいるから、そうぶちあけた話もできない。

はやくも南京を取った年の暮には、東王が洪秀全を棒叩き四十発の刑に処するという事件がおこっている。

原因は、洪秀全が虫の居所がわるかったか何かで、女官をぶんなぐり、側近の茶坊主を殺したことであった。それを聞いた東王は、早速神さまが乗り移って天王府へ乗りこみ、「天下を治める者は人に対して寛容でなくてはならぬ。どうじゃ」と詰問したら、洪秀全は平伏して「私がわるうございました」とあやまったので、「ならば神さまおんみずから棒叩きに処してくれよう」と言ってひっぱたいたのである。

中国の長い歴史でも、皇帝が衆人環視のもとで臣下にひっぱたかれたというのはあまり例がないだろう。洪秀全は憤懣やるかたなかったに相違ない。

楊秀清は、他の高位の人たちに対してもきびしかった。

北王の韋昌輝――この人は元来は太平天国の序列第五位だが、南京を取る前に三位の西王と四位の南王が戦死したので、天京では洪秀全、楊秀清についで第三位である。この韋昌輝もやられた。

南京を取った翌年のことだが、西のほうで曾国藩の湘軍と船戦《ふないくさ》をやることになって、韋昌輝は配下の張子朋《ちょうしほう》という役人に水軍をひきいて行かせた。ところがこの張子朋というのが気の変りやすい男で、一日に何度も命令を変更し、言う通りにしないといっては部下を殺すものだから、まだ戦場につかないうちに部隊はめちゃくちゃになってしまった。楊秀清は張子朋を呼びもどして棒叩き一千発の刑に処し、「こんなやつに部隊をあずけた韋昌輝も悪い」と、これも棒叩き数百の刑に処されたのである。韋昌輝は、しばらくは立つこともできぬほど叩かれて、東王を恨んだ。

それから、秦日綱《しんじつこう》という男がいる。洪秀全が広西で馮雲山といっしょに布教していたころからの教団幹部で、旗あげ直後「天官正丞相」、つまり総理大臣に任ぜられ、天京建国後「燕王《えんおう》」に封ぜられた。序列は、翼王石達開についで第五位である。この秦日綱もやられた。

その経緯はこうだ。ある日、秦日綱の馬番の一人が燕王府の門前で坐っていたら、楊秀清の叔父さんにあたる人が通りかかった。ところが馬番がおじぎをしなかった。叔父さんは大いに立腹して、持っていた鞭《むち》で馬番を二百発叩いたがまだ腹がおさまらず、馬番の主人である秦日綱に、馬番を厳罰に処するよう要求した。秦日綱が取り合わなかったので、叔父さんはこんどは馬番を裁判所へ突き出した。裁判所長は侯爵の黄玉昆《こうぎょくこん》というこれも高位の人だが、訴えを聞いて、もう二百も叩いたのだからいいだろう、と不問に付した。

そこで叔父さんはおいの東王楊秀清に訴え出た。

楊秀清は、叔父さんの言い分もっともである、として、関係者を逮捕し、馬番の主人たる燕王秦日綱は監督不行届きのゆえをもって棒叩き百、裁判所長の黄玉昆は適切な裁きをしなかったと棒叩き三百、さらに侯爵を剝奪してヒラの兵隊に降格、馬番は「五馬分屍刑」に処せられた。五馬分屍刑というのは、人の頭と四肢をそれぞれ五頭の馬に縛って、一斉に五方向へ走らせてバラバラにするという死刑である。なかなかアイサツの問題もこじれるとむずかしい。

楊秀清に殺されたとか叩かれたとかいう人はこのほかにもいっぱいあって、たしかに処罰されたほうに非があるのもあれば、馬番事件のように乱暴至極なのもある。しかしいずれにしろ、やられた当人や家族や部下のあいだには、楊秀清に対する恨みがつもっていた。

## 天京事変

咸豊六年（一八五六）八月下旬、楊秀清に神さまが乗り移って、洪秀全を東王府へ呼びつけた。洪秀全が天王府から出たのはあとにも先にもこの時一度だけだそうである。

楊秀清にとりついた神さまは、洪秀全をひざまずかせて責めた。

「おまえも東王も同じくわしの子である。東王はあんなに大きな手柄を立てたのに、なぜ九千歳なのじゃ」

洪秀全は恐れ入って答えた。

「東王は天下を打ち平らげました。もちろん万歳です」

神さまは重ねて責めた。

「東王の世継ぎはなぜただの千歳なのじゃ」

洪秀全はまた恐れ入って答えた。

「東王が万歳なのですから世継ぎも当然万歳です。その子も孫もみな万歳です」

神さまは大いに満悦して、

「ではわしは天へ帰るぞ」と帰って行った。

辛抱をかさねてきた洪秀全も、ここまでコケにされては堪忍袋の緒が切れた。外で戦争していた北王の韋昌輝に「すぐ都へ帰って東王を討て」と密詔を下した。北王もかねて棒で叩かれた恨みがあるから、早速決死隊三千をつれて帰ってきて、深夜東王府に突入し、楊秀清をはじめ府内にいた女、子供、老人までふくめて約四千人、一人のこらず殺してしまった。

市内各所に駐屯していた楊秀清直属の部隊は急報を受けて反撃を開始し、どちらが勝つとも知れなかったところへ、これも外で戦争していた燕王秦日綱が、わしも東王には馬番を殺された恨みがあると、このほうは詔を受けたわけでも何でもないのに勝手に軍をひきいて帰ってきて北王に加勢し、結局楊秀清の配下は文官も兵士もあわせて約三万人が殺された。

翼王石達開は長江上流の安慶に駐屯していたが、天京で北王がめったやたらに人を殺していると聞いて、急ぎ天京にもどって北王をいさめたところ、北王はオレに楯突くつもりかと石達開をも殺そうとしたので、石達開は天京から逃げ出し任地の安慶へ引返した。北王はおこって都にいた石達開の家族をみんな殺した。

石達開は安慶で軍をととのえて天京に攻めこむ勢いを示した。驚いた洪秀全は韋昌輝を呼びつけて殺し、その首を安慶に届けて石達開をなだめたので石達開もどうやら機嫌をなおした。燕王秦日綱も洪秀全に殺された。

石達開は都へ戻って太平天国の政治の最高責任者に任ぜられたが、どうやら洪秀全は、こんどは石達開が自分の地位を狙っているのではないかと疑い出したらしい。身の危険を感じた石達開は、自分の軍をひきいてまた天京から逃げ出した。

その後石達開は、天京の太平天国とはまったく無関係に、しかしやはり太平天国を名乗って、江西、浙江、福建、湖南、広西、貴州、雲南、四川等々、中国の南半分全体にわたる広い範囲を転戦し、結局七年後の同治二年（一八六三）、四川で進退きわまって清軍に降服し、刑死した。

以上が「天京事変」のあらましである。

### 役に立たない清の正規軍

咸豊六年（一八五六）の天京事変を経て、五年前洪秀全と共に旗あげした五人の最高幹部は一人もいなくなってしまった。

もう一度まとめておくと、西王蕭朝貴と南王馮雲山は南京占領前に戦死、東王楊秀清は北王韋昌輝に殺され、北王は洪秀全に殺され、翼王石達開は逃げてしまったのである。

それでも太平天国は、そのあと八年持ちこたえた。

それは、一つには、東王・北王・翼王らの穴埋めとして洪秀全が抜擢した李秀成、陳玉成などの若手将軍がよくがんばったからである。陳玉成などは、李秀成と並ぶ軍の最高指揮官になった時二十一歳だったというから、よほど才幹のある人だったらしい。

それもあるが、もう一つには清の正規軍があまりにも弱かったからである。

そこでいよいよ曾国藩の湘軍の登場ということになるのであるが、その前に清の軍隊についで説明しておくと――

清の当初の軍は八旗《はっき》兵である。それぞれ、黄、白、紅、藍などの旗を目印とする八つの部隊から成るので八旗という。元来はもちろん満洲八旗（満洲人部隊）だが、早くもホワンタイジの時に、蒙古八旗（モンゴル人部隊）と漢軍八旗（漢人部隊）とを増設している。

明末清初のころの八旗は強かった。李自成軍――あの、国内では無人の野を行くごとくであった李自成軍が、この清の八旗には全然歯が立たなかったこと、先に見た通りである。しかし北京に国を建てて以後は、ちょうどわが国の徳川の旗本のように、貴族化、軟弱化してさっぱりダメになってしまった。太平天国のころにはこの八旗が十五万ほどいたが、ほとんど役に立たなかった。

清が全国を制覇して以後、八旗に代わって清軍の主力になったのが緑営《りょくえい》である。これは緑の旗を目印としたので緑営という（「営」は軍団の意）。すべて漢人部隊である。これも清の中期ごろまでは盗賊征伐に活躍して強かったが、その後は弱体化した。太平天国のころには六十万ほどいたが、これも太平軍を粉砕するような力はなかった。

この緑営というのは世襲職の軍隊である。「兵籍の家」というのがあって、その家に生れた男の子は代々成人すると兵隊になる。給料が安くて給料だけではとても家族が食ってゆけないので、平生一家の主《あるじ》は、表向きは兵営で訓練していることになっているが、実際は町へ出て露天商をしたり手仕事をしたり芸人をしたりしていたという。それで戦《いくさ》となると本業にもどって戦地に出かけてゆく。なるほどあまり勝てそうもない。

曾国藩は、緑営のダメな所は種々あるが、致命的弱点は「敗不相救」（敗け戦の時に助け合わない）の四字にある、と言っている。曾国藩によれば、緑営の兵は「一つの部隊が大敗して流血が淵を成していても、別の部隊はわきで眺めてヘラヘラ笑っている」のだそうである。いよいよもって勝てそうもない。

## 曾国藩、湘軍をつくる

八旗・緑営が役に立たないので、清の中期以降は、必要な時に必要な所で軍隊を作り、用がすめば解散する方式がとられた。これが「勇営」と「団練」である。

「勇営」は地方政府が費用を出して組織するので「官勇」とも言う。「勇」というのは臨時軍という意味である。八旗・緑営の正規軍を「兵」というのに対して、有事に際しての臨時編成軍を「勇」と言ったのである。

「団練」は、地方の有力者などが金を出し合って設け、その地方だけを守る自衛軍のようなものである。「団練」とは「集めて訓練する」という意味である。

もっとも「勇営」と「団練」との境目はそうはっきりしたものではない。団練の軍にも「郷勇」「団勇」などと「勇」の字を用いるし、規模の大きい郷勇になると地方官府が費用を出し、他の土地へ出動してゆくものもある。

曾国藩の「湘軍」は、こうした臨時軍の、画期的に大きく、強く、かつ作戦範囲の広いものであった。元来は団練なのだが、曾国藩が政府から多額の予算をひき出して組織したので、官勇に属する性格のものである。だから「湘勇」というのがほんとうの名前なのであるが、一般に「湘軍」と言っている。「湘」とは湖南省のことである。

咸豊三年（一八五三）の初め、といえば太平天国軍が湖南から湖北にかけてあばれまわっていたころだが、曾国藩（この年四十三歳）は、お母さんがなくなったので、一時休職して都から郷里の湖南へ帰っていた。そこへ「団練大臣」に任ずるという皇帝からの命令が来た。この時同時に団練大臣に任ぜられた者は全国各地に四十何人もあったそうである。そのなかで曾国藩の作った湘軍だけが特別に有名になったわけだ。

曾国藩はかねてから、従来の緑営ではとても太平天国に勝てない、と考えていたから、これを機会に、ほんとうに戦争の役に立つ強い軍隊を作ろうと決意した。といっても、モデルがあるわけではない。もうすこしあとなら西洋の軍隊をモデルにするところだが、まだそこまではゆかない。それで曾国藩は、ダメな緑営を反面教師にして、緑営と正反対の軍隊を作ろうとした。

たとえば、緑営は親子代々のプロの軍隊である。だから曾国藩は徹底的にアマチュアだけの軍隊にした。

緑営は「官」の軍隊、「公」の軍隊である。だから曾国藩は湘軍を、徹底的に、地域の軍隊、「私」の軍隊を作った。

総指揮官の曾国藩はもちろん文人である。この曾国藩が、自分の若い門人たちのなかから、正直で、勇気があって、名誉や利益に淡白な読書人を選んで将校にした。それら将校が、それぞれまた個人的に親しくて信頼のおける者を下士官に選ぶ。それら下士官がまた、自分の村の健康で素朴な若い農民を兵隊に選ぶ。全員湖南人、それもごくせまい範囲の同郷人であり、アマチュアである。どのレベルの人員をとってみても、直属の上官と個人的に親しく、自分を選んでくれた恩義を感じ、直属の上官にだけ忠誠をつくす。その上の上官などは知らなくてよく、まして朝廷なんか関係ない、という完全に私的なつながりの軍隊である。

緑営が弱いのは給料が安いせいもあるから、曾国藩はうんと奮発した。ただし月々渡すのは半額だけで、あとの半額は天引きで積み立てておいて、休暇帰郷の際、もしくは除隊の時にまとめて支払ってやる。従来の兵隊は負け戦の時にすぐ逃げてしまうのだが、湘軍では、逃げるとせっかく貯めた給料の半分がパーになるから、もったいなくて逃げられない。帰郷の際はゴマンと金を持って帰るから、それを聞いた元気のいい若者が、よしおれも湘軍に入ろうと志願する。軍の会計のほうでは、そう誰もかれもがいっぺんに帰郷するわけではないから、天引き貯金といっても実際にはごく一部の金を用意しておけば足りる。曾国藩という人、なかなか頭がよかった。

## 水軍の重要性

もう一つ、曾国藩が力を入れたのは、水軍の建設だ。

「南船北馬」ということばがある。これは交通運輸の手段について言ったもので、中国の南半分は川が多いから船、北半分は山野だから馬、ということだが、軍隊についても同じことである。南方では水軍が大事なのだ。

元末の際、朱元璋と陳友諒が、双方数百隻の軍艦を動員して鄱陽湖で覇権を争ったのは先に見た通りである。

明末の李自成は北方の盗賊だから陸軍ばかりだったが、おしまいに南方へ逃げると、やむなく民間の船を奪って船隊を作り、移動したり戦ったりした。しかし慣れないものだからぼろぼろに負けてしまったのである。

太平天国軍は、咸豊二年(一八五二)の後半に長江に達すると、民間の船を任意にちょうだいして水軍を作った。

緑営にも一応水軍はあった。「外海水師」と「内江水師」にわかれていたが、外海軍はまだしも、内江軍は実際には無きに等しく、太平軍が完全に制江権を掌握して官軍は手が出なかった。曾国藩はこれを見て、強力な水軍の必要を痛感したのである。

といっても曾国藩自身は何もわからぬから、広東のほうから軍艦の専門家や造船技師を招いてまず造船所の開設から始め、咸豊四年の初めまでに大小の軍艦三百六十隻を建造し、これに合計四百七十門の大砲を装備したという。

というとなかなか大したもののようだが、どうも話の進みぐあいが早すぎる。曾国藩が予算四万両を獲得して衡州《こうしゅう》に湘軍造船所を開設したのが咸豊三年の十月。一つでは足りないというので湘潭《しょうたん》に分工場を建てたのが十二月。そして翌咸豊四年一月下旬には三百六十隻の軍艦が勢ぞろいして、威風堂々太平軍討伐に出動したというのである。――軍艦なんてそんなに早く出来るものかねえ。湘軍の軍艦というのは、きっと釣り船に毛が生えたようなものだったに相違ない。

## 二度の自殺未遂

曾国藩が、陸軍六千五百、水軍五千、それに軍属などを加えて約一万七千の湘軍を湘潭に集結し、『粤匪《えっひ》を討つの檄』(粤とは広東のこと)という宣戦布告文を発表して太平天国軍との戦争に出発したのが、咸豊四年(一八五四)の二月、その湘軍が天京に突入して太平天国がほろびたのが、ちょうど十年後の同治三年（一八六四）である。つまり湘軍の戦いは決して勝利また勝利と順調だったのではない。

特に初めのうちはひどくて、曾国藩は二度も自殺未遂するハメに追いこまれている。一度目は出撃して一月《ひとつき》あまりのちのこと、場所は長沙のすぐ北の靖港《せいこう》という所、ここの太平軍との最初の遭遇戦で、湘軍はぼろ負けして、兵士が総くずれになって逃げ出した。曾国藩は軍旗に「過旗者斬」（この旗より後に退く者は斬る）と大書して高くかかげ、その下でみずから抜刀して仁王立ちしたが、兵士たちは旗の所でだけちょっと迂回《うかい》してどんどん逃げてしまう。曾国藩は悄然として一人そっと旗を離れて歩き出した。幕僚たちが「先生のようすがおかしいぞ」と悟られぬようにあとをつけてゆくと、先生は銅官という所の川岸まで来てあたりをきょろきょろと見まわすやたちまちザブンととびこんだので、すぐに助けあげた。

この銅官の身投げ事件は、曾国藩は幕僚たちに命じて絶対に口外させず、曾国藩の死後、救いあげた章寿麟という人が文章を書いて発表したので初めて世に知られたのだそうである。よっぽどはずかしかったんですね。

敗軍の将として長沙へもどると、曾国藩を処分せよ、湘軍なんか解散してしまえ、と輿《よ》論《ろん》が沸騰している。曾国藩は遺書を書き、弟の曾国葆《そうこくほ》に命じて棺桶を買って来させ、自殺のやり直しをしようとした所へ、湘潭の太平軍を攻めた湘軍が勝った、と知らせが来て、曾国藩は救われた。

二度目は同じ年の暮（西暦では一八五五年二月になる）、場所は江西省九江、この時曾国藩は軍艦に坐乗していた。湘軍艦隊は太平軍艦隊の巧みな策略で分散させられ、曾国藩の本隊は包囲され火をつけられて、次から次へと延焼した。曾国藩は小舟に乗り移って岸辺の陣にたどりついたものの、苦心して作りあげた船団が目の前で焼け落ちてゆくのを見て、絶望のあまり湖へとびこんだ。すぐ助けあげられたが、こんどは一人で馬を駆って敵陣に突入して死のうとした。――なんでもこの「策馬赴敵《さくばふてき》」という自殺法は『春秋左氏伝』にお手本があるんだそうである。このドサクサの際にもちゃんと古典にのっとって身を処するあたり、さすがに大学者だけのことはある。見上げたものです。もっとも遺憾ながら、曾国藩が「頼む、ゆかせてくれ」と言うのを、幕僚たちが「殿、それはなりませぬ」と必死に手綱をおさえたので、せっかくの左伝の実践躬行も実を結ばなかった。

この二度目の末遂は、いささか芝居がかりの気味もあるので、太平天国のヒイキである歴史家たちは「曾国藩の狂言自殺」と嘲笑する。なにしろ曾国藩は、全力をふりしぼって清王朝を守り、正義の農民革命に敵対した男だから、今の中国では甚だ評判がわるく、うかうかしてるとすぐバカにされるのである。

## 曾国荃の皮算用

太平天国軍と清朝側（湘軍を含む）との、十数年にわたる勝ったり負けたりの綱引きを書いていたら、本が一冊できる。たとえば『清史稿』の「洪秀全伝」は異例に長い列伝である。実際に本一冊分ほどの分量があるが、それは全部この綱引きを詳細にフォローしたものである。ここではその余裕はないから、いきなり湘軍による天京包囲、攻略、大虐殺へと飛ぶ。

湘軍が天京を包囲したのは、同治三年（一八六四）の一月である。

このころになると湘軍の総勢は三十万くらいになっている。すでにかつての、曾国藩の郷里から選ばれた人たちだけから成る「地域の軍隊」ではない。他の省の者もたくさん入っている。

兵隊の出身地が拡大しただけではない。もはやかつての、若い読書人と質実剛健な農村の若者の軍隊ではなく、すべての中国の軍隊がそうであるように、ならず者軍隊に変貌している。

天京をかこんだのは、湘軍のうち、曾国藩の弟曾国荃《そうこくせん》の部隊五万である（曾国藩は安慶にいた）。

このころには、かつて太平天国が支配した中国南方の大都市はみな、湘軍、あるいは湘軍にならって曾国藩の子分の李鴻章《りこうしょう》が作った淮軍《わいぐん》などに奪回されて、天京はまったくの孤城になっている。この孤城が、曾国荃の包囲下に半年のあいだ持ちこたえた。

これは、一つにはそもそも南京というのが、守りやすく攻めにくい、難攻不落の都市であった、ということもある。

しかしもっと重要なのは、攻撃側の問題であった。

長いあいだの戦争で湘軍も疲れ、その上、資金不足と飢饉による食糧難で、兵士たちは毎日うすいおかゆをすすっていた。そこへ疫病が流行した。曾国藩の末弟の曾貞幹（もとの名は国葆、以前曾国藩の命令で棺桶を買いに走ったあの弟だ）はこの疫病で陣没している。

それにもまして、天京攻略が遅延したのは、曾国荃が手柄を一人占めにしようとして援軍の申し出を全部ことわってしまったからである。

これは、好意的にとってやればこういうことだ。湘軍というのはもともと曾一家の軍である。だから曾国藩の弟たちもそろって参軍した。うち曾国華（国荃の兄）は咸豊八年三《さん》河鎮《がちん》の敗戦の際に戦死し、今また末弟が戦病死した。南京攻略の功績はぜひとも曾一家だけのものとしたい。それに、十年間苦労を共にしてきた当初からの将校や兵士たちにも、勝利の美果を味わわせてやりたい。勝ち戦になってから加わってきた淮軍なんぞに手柄を横取りされてたまるものか、というのが曾国荃の気持であった。こうした気持は、李鴻章に加勢してもらってはどうか、という兄からのすすめに、「ことわる。独力でやる」と返事した曾国荃の手紙に見えている。

しかしまた、曾国荃という男は、従来から、一つ大きな都市を取るとかならず長期休暇をとり、分捕った金銀珊瑚アヤニシキを船に満載して国へ帰り、土地や家屋を買い足すのを無上の楽しみとしているような男であった。南京は江南随一の豊かな都市であり、その上洪秀全をはじめ太平天国の親玉たちが美女財宝をしこたまためこんでいる。これを一人で攻め落せば獲物はもちろんこれまでの比ではない。――そういう皮算用もあったには相違ない。

### 洪秀全の最期

そのあいだに太平天国のほうでは首領の洪秀全が死んだ。

洪秀全が死んだ時というのは、太平天国もいよいよおしまいの混乱状態なので、死の前後の事情はよくわからない。曾国藩は服毒自殺と朝廷に報告したが、李秀成の自供書にはこう書いてある。――宮中の食べものがなくなった。臣下が洪秀全にそう言うと、洪秀全は「甜露《てんろ》を食え」と言った。甜露とは旧約聖書に見えることばで雑草のことなんだそうである。臣下が「そんなもの食べられません」と答えると洪秀全は「よしおれが食ってみせる」とそれから毎日雑草ばかり食って、体が衰弱してとうとう死んだのである、と。同治三年四月二十七日(西暦では一八六四年六月一日になる)、五十一歳だった。

なおついでに——

太平天国の歴史(ないしは広く中国の近代史)の本や年表を見ていると、何年、何月、あるいは何日、というのがしばしば本によって相違しているが、それはあまり気にしなくてよい。暦がいろいろあるからである。太平天国期について言えば、当時中国で一般に用いられていた暦(つまり清朝の暦)があり、太平天国の暦(これを「天暦」という)があり、われわれが今用いている太陽暦(西暦)がある。中国暦と天暦とは十日くらいの差があり、西暦とは一《ひと》月から二《ふた》月くらいの差がある。洪秀全が死んだのは、清の同治三年四月二十七日、太平天国の天暦甲子十四年四月十九日、西暦では一八六四年六月一日である。学者は一般に西暦を用いるが、中国暦で記した年表もあるし、太平天国内部の事柄については天暦で言うこともある。洪秀全が死んだのは四月十九日、と書いてあっても、四月二十七日、と書いてあっても、六月一日、と書いてあっても、みな同じことなのである。

もとにもどって攻撃がわ——

六月になって、李鴻章が「砲兵隊と歩兵一万四千を応援にさしむけます」と連絡してきた。これは大変と曾国荃が本営に将校たちを集めて、「よそものが来るぞ、二年の艱難《かんなん》辛苦を他人にくれてやるか?」と問うたところ、将校たちこぞって「がんばります!」と答えたので、急遽総攻撃を決定した。地下道を掘って城壁の下に爆薬を仕掛け、これに点火すると同時に第一陣が突撃、この第一陣の四百数十人は一人残らずその爆発で死んだというから、まあずいぶん急いだものである。やがて天京の九つの門が全部破られて湘軍が突入した。六月十六日(西暦では七月十九日)であった。この日をもって太平天国滅亡の日とする。

## 天京掠奪

突入したあと一か月くらいは、放火、殺人、強姦、掠奪、すべて勝手次第であったから、もうむちゃくちゃである。攻めるほうは攻撃のために火をつける。守るほうは「敵にボロギレ一枚残してやるな」と火をつける。火は七日間燃えつづけて、この時に南京は一度、完全に廃墟になってしまった。だいたい、湘軍が七割焼き、太平軍が三割焼いたそうである。

この時、南京には三万人くらいの人間がいた。うち太平軍一万、さらにそのうち兵士は三千数百人くらいであった。そのうち千人あまりが李秀成といっしょに逃げた（李秀成はまもなくつかまって自供書を書いて処刑される）。だから、あと二千人あまりの兵士が残ったわけだが、実をいうとこれら兵士たちはあまり死んでいない。殺されたのはそのほかの人たちである。

というのは、突入とともに湘軍兵士たちによる掠奪が始まった。獲物はいっぱいあるから、とても一人では持ち切れない。そこで太平軍の敗兵と交渉して、城外の軍営まで運搬を手伝ってくれたら命は助けてやる、という約束で運ばせた。兵士たちはそこでお役御免で釈放してもらって逃げたのである。話を聞いて、城外の軍営に残っていた兵士や軍属や炊事係までが掠奪に出かけ、南京市内から軍営まで、山のような荷物をかついだ湘軍兵士や、やとわれた太平軍兵士の行列がえんえんとつづいたという。李秀成とその部下がわりあいやすやすと逃げられたのも、そういう情況だったからである。

幕僚や文官などのインテリは、さすがに自分で掠奪に行くのはプライドが許さないので、兵士たちから買い取った。「おれはこんないいものを買ったぞ」「ぼくだって」と見せ合う光景が連日見られたそうである。

将校たちはどうしたか。兵士たちはそれぞれ取ってきたものを軍営内に置かせてもらうかわり、目ぼしいものを選んで上官にプレゼントする。上官は一部分をそのまた上官にプレゼントする。結局一番いいものは曾国荃の手もとに集まったそうだ。

掠奪と並んで行われたのは言うまでもなく強姦である。南京市中には、いたる所ごろごろと死体がころがっていたが、それはみな、老人と、四十歳以上の女と、幼児であった。四十歳以下の女の死体は一つもなかった。すべて連れて行かれて兵士たちのなぐさみものになったのである。殺されたのは、娘が連れて行かれるのを邪魔だてしようとした親たち、連れて行かれる母親のそばを離れまいとして泣いたりしがみついたりした子供たちであったわけだ。男の死体がないのは、殺すよりも運搬に使ったほうがいいからである。

## 趙烈文の告発

こうした情況が詳細にわかるのは、趙烈文《ちょうれつぶん》という人が、南京陥落直後のようすを克明に記した日記『能静居士日記』をのこしてくれたからである。この人は曾国藩の腹心で、この時は曾国荃のもとにいわばお目つけとして派遣され、幕僚をしていた。

趙烈文は、湘軍のこうした無法、暴虐に強い憤りをおぼえた。それは、一つにはもちろん、この人が正義漢だったからだが、もう一つ、自分の尊敬する曾国藩とその湘軍の名誉が、これによって地に墜ちるのが我慢できなかったからである。趙烈文は曾国荃に、湘軍兵士による掠奪、強姦、殺人を禁ずるよう何度も進言したが、曾国荃は取り合わなかった。そこで趙烈文は、せめて湘軍の暴虐行為を後世に書き残したのである。南京の七割を焼いたのは湘軍だ、というのもこの人の目算による。

この時の掠奪で有名なのは、曾国荃麾下《きか》の軍人のナンバーワンだった蕭孚泗《しょうふし》という将軍である。この人は南京城内に突入すると、まっすぐ天王府に向かい、洪秀全がたくわえていた金銀財宝を全部一人占めにして、あと火をつけてきれいに燃やしてしまった。趙烈文は「良を喪《うしな》い理を昧《くら》くすること、一《いっ》に此《ここ》に至る、吾れ其の死する所を知らず」とこの将軍を痛罵している。「良心のかけらもないこの悪党め、いったいどこでどのような死にざまをすることとであろうか」ということだが、実は蕭孚泗は、南京攻略の功績第一と清朝廷から認められて、このあと福建陸軍提督に昇任せられ、男爵を授けられて、二十年後に郷里で安らかに死んでいる。

親分の曾国荃のほうは功によって伯爵を授けられ、二十六年後に六十七歳で死んだ。

曾国藩はさらに上で、侯爵をもらった。死んだのは八年後の同治十一年（一八七二）、六十二歳であった。

太平天国の十数年の戦争というのは、これをせんじつめて言えば、新興宗教の教祖が作った共産主義的国家と、それに対抗するために大学者官僚が独力で作った一大軍閥との戦いである。

彼らは何を争ったのか。もちろん権力である。野心家洪秀全は、国土を僭窃《せんせつ》、国権を傾覆して新王朝を打ち立てようとし、満洲皇帝の「奴才」（もしくは「忠臣」）たる曾国藩は、既存王朝の権益を守って死力をつくした。洪秀全を偉大な農民革命家などというのはもとより滑稽きわまるが、曾国藩を聖人みたいに祭りあげるのもばかげている。「人民を塗炭の苦しみより救う」といったたぐいの文句は双方の文書や宣伝にチラホラ見えるが、そんなものは史上あまたの権力者や盗賊が用いならわしてきた空疎な口頭禅にすぎない。どちらが人民の味方などという話では、はなっからないのである。

# 第五章　これぞキワメツキ最後の盗賊皇帝

——毛沢東

## 盗賊皇帝の農民革命

毛沢東のことを盗賊皇帝だなどと言うと、鬼面人をおどろかす言いぐさのように思われるかたがあるかもしれない。しかし、決してそうではないのである。香港やアメリカなどにいる中国人のなかには、そういう見かたをする人はすくなからずある。

本場の中国ではどうか。そう考えている人はいっそう多いのであるが、はっきり言っては危いから遠まわしに言う。中華人民共和国を「封建ファッショ中華帝国」と言ったり毛沢東のことを「秦始皇」と言ったりするのはその意味である。

比較的はっきり言ったのは王希哲という人である。この人は広州の若い知識人で、文化大革命中に他の三人の友人と共同で「李一哲の大字報」という長大な壁新聞を貼り出して逮捕されたことがある。この壁新聞は「林彪《りんぴょう》体系」を批判するという形を借りてその実は中国共産党の体質を批判したものだった。

その王希哲が、一九八〇年に『毛沢東と文化大革命』という論文を書いて、国内では発表できないから香港に送り、香港の雑誌がそれを掲載した。そのために王希哲は逮捕されて懲役十五年の刑を受けた。

その一節を引用してみよう。そうすれば、毛沢東を盗賊皇帝と言うのが、わたし一個の奇をてらった言辞ではないことがわかっていただけるであろう。

なおここで王希哲は盗賊を「農民」と言い、盗賊の天下奪取を「農民革命」と言っている。それが中国における表現法である。また王希哲はマルクス主義を信奉する人であるから、この論文はその観点で書かれている。


注意せねばならぬのは、毛沢東が成功裏に指導したこの革命は、農民革命にすぎなかった、ということだ。それは共産党の指導下に行われたが、その内容について言えば、農民革命の範疇を出るものではなかった。

毛沢東は地主政権をくつがえした。しかし地主政権をくつがえすことは、農民でもやったのである。朱元璋がやった。李自成がやった。洪秀全ももう少しで成功するところだった。そして井岡山《せいこうざん》の道というのも、何もそんな大した創造ではない。大小五《ご》井《せい》の山並みのむこうに、われわれは梁山泊水寨《すいさい》の影を認めることができるはずである。毛沢東という中国書生が教条主義者の連中よりすぐれていたのは、彼にとっては、ペテルブルグ蜂起の道よりも梁山泊聚義の道のほうが印象深かった、という点にあるのである。

もしわれわれが毛沢東を一人の農民首領として考察するのであれば、別に何も彼を糾弾せねばならぬところはない。毛沢東は中国の歴史上最も偉大な、空前絶後の農民首領である。彼がのちに中国の帝王になったのは、まったく農民首領の階級必然性がしからしめたのであって、すこしも驚くにはあたらない。

しかし、もしわれわれが毛沢東を、マルクス主義者たるべき者（当人はそうだと思っていた）として考察するのであれば、彼をプロレタリアの政党たる共産党の指導者とみなすのであれば、話は全然ちがってくる。

一人のプロレタリア指導者、一人のマルクス主義者の功績は、農民首領でもできることをどれだけやったか、にあるのではない。その功績は、農民首領にはできないことをどれだけやったか、にある。

……しからば、毛沢東にはそのような貢献があるか？——ない。これっぱかしも、ない！

毛沢東がこの世を去った時、彼が中国人民に残したのは、経済の崩壊と公安テロのみであった。

王希哲の言うところをくりかえせばこうだ。過去の盗賊首領たち、朱元璋、李自成、洪秀全らにとってのゴールは、天下を取って帝王になることだった。毛沢東もまさしくその通りだった。帝王になってからの毛沢東はマイナスのことばかりして、プラスのことは何一つしていない。しかしマルクス主義者の革命なら、何かプラスのこと（王希哲によれば「経済の繁栄」と「政治の民主」の方向にむかう功績）が残らねばならぬはずだ。それが何もない革命というのは、革命にはちがいないにしても、マルクス主義の革命ではない、朱元璋や李自成と同じ「農民革命」にすぎぬ、というのである。

王希哲の言う通りであろう。

毛沢東の伝記はおもしろい。まさしく波瀾万丈である。しかしそれは、史上あまたの盗賊首領や建国皇帝の伝記——王朝末の混乱時代に生れあわせた一人の豪傑が、自分の集団を作り、あるいは既成集団を乗っ取って自分の私党とし、国内の政敵を実力で打倒して帝位につき、その後はまず自分に白い眼を向けるインテリや愛想よく尻尾を振らぬ官僚をやっつけ、つぎに建国の功臣たちを粛清し、ついには私党そのものを破壊して、天下を身内一族のものにしようとする……という伝記と、大筋においては少しもちがわぬのである。つまり毛沢東の伝記のおもしろさは、共産党が人民を解放したの民衆が立ちあがったのというヨタを聞くのがおもしろいのではさらさらなくて、こいつの前では朱元璋も李自成もケチなコソ泥くらいに見えてくるという大盗賊が、中国をムチャクチャに引っかきまわすという、一般中国人にとっては迷惑千万の歴史がおもしろいのである。

そしてもう一つ申しあげておきたいのは、二十世紀というのは、世界の多くの地域で近代的な社会の仕組みがだんだんにでき、自由だとか人権だとか民主主義だとかいう考えかたが、無意識のうちにも、また多少なりとも、人々の頭に浸透してくる時代なのであるが、中国という所だけはそんな歴史の進展からポッカリと取り残されて、とんでもない暴れ者が現われたらずいぶん思いのままに引っかきまわせる、五百年前、千年前と変りのない社会なのだった、だからこそ毛沢東が暴れられたのだ、ということである。

## 「造反有理」

以上わたしの書いたところを読んで、毛沢東というやつは野蛮で無教養な乱暴者だとお思いになったとしたら、それはちがう。毛沢東という人は、乱暴者という点ではそれは人並みはずれた乱暴者であるが、野蛮で無教養な男ではない。それどころか、まことに文雅な教養人であった。そこが歴代の盗賊皇帝とは決定的にちがう点である。

日本には「文武両道」ということばがあるが中国にはない。ことばがないだけではなく、そもそも「文」と「武」とを対等に並べるということは、中国人には考えられぬことである。中国人にとっては「文」は理想であり、「武」は否定さるべきもの、マイナスのものなのだから。

「文」といってもいろいろあるが、中心になるのは、文章（古典語による文章）を書き詩を作る能力である。これはちょっとやそっとの修業でできることではない。そして詩文が作れなければ、いくら絵をかいても竹林を散策しても、それはもう決して伝統的知識人とは認められない。

毛沢東は、それができる人であった。

もっとも二十世紀になると、そうした伝統的教養以外に西洋の文化をも学んだ二刀流の知識人が現われてくる。魯迅などはその代表である。さらには西洋的教養一本槍の人も出てきて、そういうのを「洋秀才」と言ったりする。マルクスだのエンゲルスだのを読むのもそういう西洋的教養の一部分である。が、毛沢東という人は、そっちのほうはまるっきりダメである。

毛沢東はマルクス主義者なんだからマルクスの本は読んだろうと思ったら大まちがいである。せいぜい中国人の書いた「マルクス主義早わかり」といったたぐいのパンフレットをのぞいたことがあるくらいのものだろう。『毛沢東選集』を読むと、マルクス主義の用語を使った学術論文めいたものなども出てくるが、それは秘書の「洋秀才」、有名なのでは陳伯達あたりが書いて、毛沢東がそれを会議の席などで読みあげたから毛沢東の著作ということになっているだけである。日本の総理大臣の施政方針演説と同じだ。

毛沢東は「マルクス主義の真理はいろいろあるが、せんじつめれば『造反有理』ということにつきる」と言っている。「造反有理」とは「上の者をやっつけるのはいいことだ」ということである。「造反」ということばは適当な訳語がないから日本でもそのまま用いているが、子供が親を蹴とばしたり、生徒が先生をぶん殴ったり、職工が社長を袋叩きにしたりすることである。ただし、下の者は上の者に絶対服従せねばならぬという社会通念が前提になっている。

そう気軽に要約されては地下のマルクスとしては不服かもしれないが、毛沢東にとってマルクス主義の真髄はそういうことであり、毛沢東が実際にやったのもそれであった。ただし自分の下の者が自分にさからうのは許さない。あたりまえである。

そんな簡単なことなのなら、何もマルクスから借りてくるほどのことではない。昔から中国の盗賊がやっていることだ。

スターリンは毛沢東のことを「マーガリン・マルクス主義者」と言っていたそうだ。バターのふりをしているが実はバターじゃない、ということである。そういうスターリンがバターだったのかどうか、保証のかぎりでないが、多分毛沢東はマーガリンですらなかったろう。トウガラシ味噌くらいか。無論中国の蒸しパンにはそのほうがよく合うのである。

## きみの目の前にいる男を見よ

そういう次第で毛沢東は、西洋的教養とは縁のない、きっすいの伝統的中国文化人だった。

毛沢東が得意だったのは「詞《ツー》」という詩である。これは、中国語でいう「詩」ではない。しかし、広い意味での詩《ポエム》には相違ない。「詩」よりもさらに規則が厳格で、作るのがむずかしい。昔の日本人も「詩」のまねごとは曲りなりにやったが「詞」は無理だった。なお「詩」と「詞」は日本語でよむとどちらも「し」になってしまうので、わたしども日本の中国文学研究者は「詞《ツー》」とこれだけは中国語で言う習慣である。

毛沢東は「詩」ももちろん作っているが、「詞」のほうが多い。そしてその「詞」はたいへんいい。単に上手だというだけではなく、雄渾で英雄の気概があふれている。しかも単に豪放だというのではなくて、ことばの運用のセンスがいいのである。

一つ、拙訳でご紹介しましょう。数ある作品のなかでも最も著名なもので、題は『沁園春・雪』。一九三六年、延安での作である。

北国の風光、
千里、氷はとざし、
万里、雪は舞う。
長城の内外を望めばただ茫々。
大河の上下は、
突如その流れを止めた。
山に銀の蛇舞い野に蠟の象駆け、
もし天の高さにまで登れば、
陽光に盛装と地味なりと、

さぞやなまめくことであろう。
山河はかくのごとく魅力あふれ、
無数の英雄がこぞってひざまづいた。
惜しいかな秦始皇・漢武帝は詩文を解せず、
唐太宗・宋太祖も風雅に劣る。
一代のわがままもの、

ジンギスカンは、
弓を引いて大鷲を射落すことしか知らぬ。
みな過去の人となった！　文雅の人物は、
やはり今日を看よ。

文字通りの拙訳で申しわけない。要点を言うと（詩に要点を言ってもしようがないのだが）こういうことだ。――中国の自然は美しい。昔からあまたの英雄豪傑がこの中国をまるごと自分のものとしようとした。それに成功した人たち、秦の始皇帝、漢の武帝、唐の太宗、宋の太祖、あるいは元のジンギスカン、みな勇力にはすぐれていたが肝腎の文化的教養がなかった。文化的教養を身にそなえながら天下を我がものとした人物はいないのか。――それはほら、きみの目の前にいる男を見てほしい。

たしかにその通りなのである。中国歴史上の開国皇帝たち、いずれをとっても力づくで天下を奪取した人たちだから、腕力、胆力、組織力、統率力等は抜群であったにちがいないが、当代一流の文人と並べて遜色ない文化的教養を身につけた者は一人としていなかった。よその国ではそれでもいいかも知れないが、中国においてはそれでは物足りぬのである。そして今、その条件をそなえた男が、この美しく魅力に満ちた中国を我がものとしようとしている。

文化的条件をそなえた人物たることの証拠がまさしくこの詩なのである。「詞」という詩は、一つ一つの詞題（このばあいなら『沁園春』）によってことばの配置の規則・制約が異なるというやっかいな形式なのであるが、この作品はそれをクリアーして、殺伐、傲慢になりかねない内容を、優雅で華麗な古典的表現によって統御している。こんな芸当のできる開国皇帝は、古来一人もいなかったのである。

ただし、この一九三六年、四十四歳の毛沢東は、二万五千里の逃避行を終えてどうやら小さな根拠地を作り、一万あまりの疲兵をしたがえた、僻陬《へきすう》の一頭目にすぎない。どうやって天下を取ろうというのか。

その秘策は毛沢東の胸中に熟していた。

毛沢東を江西の根拠地から追い出して苦しい逃避行を余儀なくせしめたのは、蔣介石の国民党軍である。これに直接打ち勝つのは到底見こみがない。

ところがここに、日本軍が中原の覇を争う第三の勢力として登場してきた。「満洲帝国」を建てて関外の地を完全に抑えた日本が中国の中央部へ侵入してくるのは、今や時間の問題となっている。この日本軍は、蔣介石よりもまた一段と強力である。

弱い者と強い者が一対一でにらみ合っていて、弱いほうが勝とうというのは、これはなかなかむずかしい。しかしそこへもう一つ強いのが入ってきて三角関係になれば、うまくやれば一番弱いのが勝ち残るチャンスはある。そのあたり、マルクス主義にはヨワくても中国の権謀術数の歴史には明るい毛沢東だから、無学の李自成のようなドジは踏まない。日本との戦争が八年、蔣介石との戦争が四年、合わせて十二年後に毛沢東は新国家の帝位を手中にすることになるのである。

## 共産党と国民党

毛沢東は、二十世紀中国の政治の世界で奮闘し、ついに至上至尊の地位を占めた男である。その男について語ろうというのだから、どうしてもその奮闘の舞台である二十世紀中国の政治の世界について一通りのことを述べねば話が通じない。ところがこれが、ややこしくて目まぐるしくて、簡略に述べようとすればいろんなことが抜け落ちてしまうし、落ちがないように述べればむやみに複雑で初めての人にはかえって何が何やらわからなくなってしまうという、まことに困ったシロモノなのである。これをいかにあつかうべきか、当方としてもいろいろ頭をひねった末、断然簡略路線で行くことにした。簡略路線とは、人名、組織名、ことがらやできごとなどを極力削減して、大筋だけを残す、という路線である。

まず、一九二七年、という年に最初の照準を合わせる。この一九二七年という年が、中国にとっても、中国共産党にとっても、毛沢東にとっても、大きな転換点なのである。中国では中華民国十六年、日本では昭和二年（その前の昭和元年というのは大正十五年のことだから、これが事実上昭和の最初の年）、毛沢東は三十五歳、あの『沁園春』を作る九年前である。

この一九二七年にいたるまでのことを極度の簡略路線で述べる。

まず中国。

一九一一年の「辛亥革命」によって清王朝が倒れ、翌一九一二年一月一日に、中国初の共和国「中華民国」ができた。この一九一二年は、日本の明治四十五年、イコール大正元年である。それまで長期にわたって海外で中国革命を画策してきた孫文が「大総統」つまり大統領になった。ところが孫文は、わずか二か月ほどで大総統の玉座からほうり出されてしまった。

かわって大総統になったのが袁世凱《えんせいがい》である。ほうり出されておこった孫文は、こんどは袁世凱に対して革命をおこしたが、簡単に負けて日本へ亡命した。

この袁世凱というのは、清朝の軍部の大頭目だった男である。北洋陸軍という西洋式の強い軍隊を持っている。孫文が簡単に負けたのも無理はない。

その袁世凱が大総統になって、何のことはない、清朝の皇帝は倒したけれども、軍の大将が代りに大統領になったのだから、大した変りばえはないということになってしまった。その後この袁世凱は、やっぱり「大総統」では物足りなくて皇帝になろうとし、洪憲皇帝という名前まで決めたが、誰も賛成してくれなかったので、腹を立てて憤死した。これが一九一六年。

そのあとは、袁世凱の子分たちの時代である。子分はたくさんいたが、一人で袁世凱のあとをそっくり引き継げるほどの大物はいなかったので、各地方を分け取りして群雄割拠の形になった。これがお互いに足を引っぱったりうしろから蹴とばしたり喧嘩ばかりして、そういう状態が一九二七年までつづく。つまり、日本の大正の十五年間があちらでは軍閥時代なのだと、そう思って下さい。

その間、中華民国の政府は北京にあって、これを「北京政府」と言う。有力軍閥が政権争奪をくりかえして、政府の主宰者はしょっちゅう入れかわっている。

次に共産党。

中国共産党は一九二一年にできた。その四年前、一九一七年にロシアで革命がおこって共産党がソ連を建国している。当時のソ連は、世界中を共産党の天下にしようという計画であったから、中国へも工作員を派遣して共産党を作らせたのである。

現在では世界各国の共産党はみんなバラバラでそれぞれが勝手に活動しているが、昔の共産党というのはそんなものじゃない。ソ連の共産党が本部で各国の共産党はその支部である。形式上その本部はソ連共産党とは別立てで「国際共産党」（コミンテルン）と言うが、実質は同じことである。中国の共産党は国際共産党の中国支部として設立されたのであった。

ソ連が、中国にも共産党を作りませんか、とすすめに来たのを受け入れたのが、北京大学の教授たちである。というのが、当時の中国ではマルクス主義だの共産主義だのというのは西洋の新思想だから、そんなものを研究したり理解したりできるのはインテリに限られる。そういうわけで、設立当初の中国共産党というのは、北京大学の先生たちとその門人たち、つまり当時の最高級知識人の集まりである。共産党では組織のトップのことを「書記」というが、中国共産党の書記になったのは陳独秀《ちんどくしゅう》という北京大学教授で、この陳独秀時代が、一九二七年までつづくのである。

つぎは国民党。

日本へ逃げた孫文はその後中国へもどって、一九一九年に中国国民党を作った。が、その後しばらくの孫文は、中国最南端の広東省に小さな政府を作ったり、その広東からも軍閥に追い出されたりする弱小政権にすぎない。孫文と国民党がしっかりしてくるのは、ソ連が援助の手をさしのべてからである。一九二一年、ソ連はまず夏に共産党を発足させると、暮には孫文のもとに工作員を送って、国民党をソ連と提携する革命政党に改組するようにすすめ、孫文がこれを受け入れたのだ。

中国の国民党と共産党といえば、不倶戴天、犬猿の仲のように思われがちだが、それはのちの話であって、もとはどちらもソ連が育てた政治勢力、仲のよい兄弟なのである。

一九二四年、国民党は第一回の全国代表大会を開き、これを機に国民党と共産党が合併した。ただし、双方が解消して一つの党にまとまるという形ではなく、共産党という組織は依然として存続したまま共産党員は個人の資格で国民党に加入する、という形の合併である。その結果、国民党といっても部門や地域によっては実質的には共産党がおさえている、という所もできた。農民部などはそうである。毛沢東ももちろん国民党に入って、候補中央執行委員、中央宣伝部代理部長、という高級幹部になっている。

また国民党はソ連のすすめによって自前の軍隊を持つこととした。これが「国民革命軍」である。

孫文はこの軍隊を使って北方の軍閥を征討するつもりであったが、実現しないうちに死んだ。あとをついだ蔣介石が、一九二六年、「北伐」に出発した。国民党は中国南端の広東省にいたのだから、各地の軍閥を打ち平らげて全国を征服することを「北伐」というのである。

国民革命軍は非常に強くて北伐は順調に進んだ。そのすこし前ころから、国民党内で共産党の勢力が強すぎるのに対する反発が強まっていた。蒋介石はそれを受けて、北伐の途次、上海を取ったのを機に、党内から共産党員を追い出した。これが一九二七年である。

蒋介石は共産党を追い出すと、南京に「国民政府」を建てた。翌年北京を占領して北伐が完成し、中国は、共産党が支配する小さな地区を除いて、国民党の支配下におかれることとなった。

## トウガラシが英雄を生む

さて、やっと毛沢東である。

湖南省の省都長沙のすぐ南に湘潭《しょうたん》という町がある。毛沢東は、この湘潭の郊外の農家の子である。生れたのは、一八九三年、清の光緒十九年、日本の明治二十六年にあたる。

毛沢東の父親は、若いころは貧しかったらしいが、抜け目のない働き者の百姓で、シコシコと金を貯めては田地を買いひろげ、長男の毛沢東にも子供のころから教育を受けさせた。毛沢東の育ったころというのは、新式の学校が各地につぎつぎと設立される時期で、毛沢東も順調に教育を受けて、一九一八年、二十六歳の年に長沙の湖南第一師範学校を卒業した。この湖南第一師範というのは、当時中国南方の最高学府である。

毛沢東というのはどういう人かといえば、体が丈夫で、頭がよくて、意志が強くて、そして何よりも、マルクス主義の真髄を「造反有理」と喝破したように、「乱」の好きな人であった。平和でおだやかな日々が静かに流れてゆく、というような生活にはとても我慢ができない。いつも身のまわりがワーッと沸き立って危険がいっぱいで、その中で全力をふりしぼって奮闘していてこそ生きているような気がする、という人である。といっても、そう特別に変な人間ということではない。男というものは多少なりともその気《け》のあるものだし、まして英雄豪傑、立志伝中の人物などというのはみなそうだろう。毛沢東は、そのボルテージが並みの人よりだいぶ高かったのである。

いったい湖南には昔から、そういう血の気の多い知識人が多いと言われる。一人で湘軍をこしらえあげて太平天国相手に戦った曾国藩などはその代表である。これは湖南人が非常にトウガラシを好み、いつも全身がカーッと燃えているせいであるという説がある。毛沢東ももちろん大好きで、自分が毎日食うのみならず、人にも「トウガラシを食わないと強い革命家になれないぞ」としきりにすすめるので、ドイツやロシアから来た顧問は閉口したそうである。

毛沢東の二十代のころというのは、革命家をこころざす若者はよくフランスやドイツへ修業に行った。朱徳も周恩来も鄧小平もそうである。毛沢東は仲間たちを組織してたくさん送り出したが、自分は行かなかった。実は行くつもりだったのだが、パリやベルリンにはトウガラシがないと聞いて急遽取りやめにしたということだ。

学校を出ると北京へ行って、北京大学の図書館でしばらく働いた。その館長が李大釗《りだいしょう》といって、中国共産党を創設した教授の一人である。そんな縁で毛沢東は、中国共産党の創立時から参加し、湖南省の大幹部になった。

創設時の共産党は、国内全部あわせても党員は五十人ほど、湖南人で共産党創立大会に参加したのは二人だけである。大幹部になったのは当然であった。

その後一九二七年まで六年間、毛沢東は湖南と上海と広州とを往来しながら共産党の活動家として（一九二四年以降は同時に国民党の活動家として）働いたが、概して言えばこの六年間というのは不如意の時期である。

というのが、当初の共産党というのはインテリの党だからあまり乱暴なことはしない。国民党に吸収されてからはいっそうそうである。上海で組織部につとめていたころなどは「一秒たりともまじめに仕事をしたことはなかった」ということだ。おもしろくないからよく病気だと称しては仕事をサボって国へ帰っていた。

広州で国民党の宣伝部にいたころは、いつも麻雀屋に入りびたっていた。そのころ、毛沢東の宣伝部の仕事の助手でもありマージャンの相手でもあったのが小説家の茅盾《ぼうじゅん》だった。ある時マージャンをしていて、茅盾がチョンボしたというのでおこってジャン卓をひっくり返したという。乱暴者が腕のふるい所がなくてジャン荘で乱暴を働いたというのは、よほどつまらなかったのだろう。

共産党員の数は急速にふえて、最初の五十人ほどから、一九二七年には六万人前後に達していた。

以上、一九二七年という年の情況をご説明申しあげた。要約すると——

国民革命軍の北伐は順調に進み、蔣介石は南京に国民政府を打ち立てた。

国民党と共産党は分裂した。

毛沢東は髀肉《ひにく》の嘆をかこっている。

——ざっとそういう情況である。

## 「政権は鉄砲から取り出す」

国民党から追い出されて共産党は、この一九二七年、方針の大変換をした。創立以来の書記だった陳独秀をひきずりおろして、武闘路線に転じ、軍隊および農村地区でいっせいに暴動をおこすことにした。八月初めに共産党中央が通達した文書は、題して「湖南・湖北・江西・広東四省農民秋収暴動大綱」という。「蜂起」だの「決起」だのと言わずに、はっきりと「暴動」と言っているところがいい。

毛沢東は俄然活気づいた。「軍事に特別に注意しなければならない。政権は鉄砲から取り出すものだということを知るべきだ」という有名なセリフは、この時の会議で述べたものである。またこの時、毛沢東は「上山」(山にのぼる)ことを主張し、「山にのぼってこそ軍事勢力の基礎を作ることができる」と発言している。「上山」という中国語は、日本語の「山にのぼる」とはちがい、「山寨をきずいて盗賊になる」という含意がある。これは『水滸伝』の英雄好漢たちが梁山泊の盗賊の仲間入りすることを「上梁山」(梁山にのぼる)と言ったことから来ている。

中国共産党は、この年八月にまず江西省南昌《なんしょう》で「南昌暴動」をおこした。

これは軍隊の暴動である。なぜ南昌でやったのかというと、南昌に駐屯している国民革命軍には、共産党員が将校をしている部隊が多かったからである。それらが部隊ぐるみ暴動を始めれば、他の部隊も呼応するだろうというもくろみであった。

しかしそうは行かなかった。他の部隊は呼応するどころか、制圧にむかってきた。暴動部隊は六日間南昌をおさえていたが、支え切れず、南へむかって逃げ出した。逃げ出してからの暴動部隊は、指揮系統もなく、目標もなく、軍隊というよりはむしろ敗兵から成る流賊である。行く先々で国民党軍に打ちやぶられて、最初は二万人ほどいたのがだんだん減り、おしまいに朱徳がひきいる八百人ほどになって、八か月後の一九二八年四月に、毛沢東が支配する井岡山にたどりついた。

それでもとにかく、この時初めて共産党は自前の軍隊を持ったのであるから、南昌暴動をおこした八月一日を、共産党は建軍記念日として祝っている。

軍の暴動にひきつづいて共産党が各地でおこしたのが「秋収暴動」(秋のとりいれ時期の暴動)である。それらのうち最も著名なのが、毛沢東が湖南・江西省境地区でおこした「湖南秋収暴動」である。

秋収暴動は農民暴動だというけれど、だからといって日本の百姓一揆のような、ふつうの農民がスキやクワをかついで騒ぎ出したものだと思ったらそれはちがう。

毛沢東にひきいられて湖南秋収暴動をおこした部隊は「中国工農革命軍第一軍第一師」と名づけられて総勢七千人ほどおり、これが第一団(連隊)から第四団まで四つの連隊にわかれていた。

主力の第一連隊はもとの武昌警衛連隊で、南昌暴動に加わろうとして間にあわなかったので、毛沢東がこちらへつれて来たものである。

第四連隊も邱国軒《きゅうこくけん》という将校がひきいる国民党軍で、もちろん全部本職の兵隊。ただしこの第四連隊はまもなく寝返って第一連隊を攻撃し潰滅せしめたので、中国で出ている本のなかには、存在せぬもののように、――つまり「毛沢東部隊は三つの連隊から成っていた」と書いてあるものがよくある。

第二、第三連隊は、おおむね鉱夫、農民、労働者より成る。

ただしこの「農民」というのが曲者だ。

中国の地道でおとなしいふつうの農民が、秋の収穫期に（いや収穫期でなくとも）田畑も作物もほうり出して、鉄砲をひっさげて暴動の軍隊に加わるはずがない。

国共合作以後、国民党は各地に「農民協会」という組織を作った。これを統轄していたのが農民部で、共産党員の力が強かったことは先に述べた。したがって各地の農民協会も共産党の影響力が強い。

この農民協会を主体とする農民運動の力が農民暴動を支えた、というふうに中国や日本の本には書いてあるが、さあそれはどんなものだろう。

湖南の農民協会が大きくなったのは北伐以後で、会員数約五百万に達したという。当時の湖南省の全人口がせいぜい二千万くらいだから、五百万というのは成人男子の農民は全部含まれるくらいの数である。政府が国民党で、その国民党がやっている農民組織だから、おとなしい農民はみんな入ったのだろう。

なお毛沢東自身は、農民協会の会員というのは一家に一人だけ名前を書かせるので名目は二百万人だが、実際にはその家族がいるから一千万人だ、と豪語している。

農民協会の幹部は、国民党農民部から派遣された工作員が三割くらい、学生と小学教師が五割くらい、あとは「遊氓地痞《ゆうぼうちひ》」と共産党員であったという。「遊氓地痞」というのは、あぶれ者、ならず者である。毛沢東は、農民協会の幹部はみんな「痞子《ピーズ》」(ごろつき)だ、「痞子」だからいいんだ、と言っている。

だから農民協会というのは、形の上では数百万の農民の組織であるが、実際にやっているのは少数の幹部であって、それは職業的活動家と地方のインテリと農村のあぶれ者とであったということだ。

秋収暴動に参加した「農民」というのは、そういう人たちである。

なお「労働者」というのもそうで、ソ連から派遣されたオットー・ブラウンというドイツ人の革命家が、中国へ来てみると苦力もルンペンも乞食もみんな「労働者」だ、とあきれている。マルクス主義の本場であるドイツで労働者といえば、レッキとした大工場で働く近代的な組織労働者である。だからブラウンが概嘆するのももっともなのだが、中国にはブラウンの頭にあるような労働者なんぞはいなかったのである。

さて湖南の秋収暴動は、省都長沙を奪取して革命政権を打ち立てるという雄大な計画であったが、実際にはたちまち国民党軍に負けて、毛沢東は敗残兵千人ほどをつれて山の中へ逃げこんだ。その山が名高い井岡山である。

## 井岡山の道

井岡山というのは一つの山の名ではない。湖南・江西省境の江西省がわにある、縦五十キロ、横九十キロほどの広大な山地である。ここに、大井、小井、上井、中井、下井など十ほどの村落があって、合計二千人足らずの山民が住んでいた。最初に引いた王希哲の文章に「大小五井」というのがそれである。

これら住民のほかに、袁文才、王佐という二人の男を頭目とする百人ほどの山賊が巣窟をかまえていて、これが井岡山一帯を縄張りとしていた。

毛沢東は井岡山地区に入るとすぐ袁文才の所へアイサツに行き、連帯を申し出た。袁文才は、些少ながらお金をさしあげるから「もっと高い山」をおさがし下さい、と返事した。これは古来の盗賊のしきたりであって、「おことわりだ」というのをそう表現するのが仁義なのである。しかし毛沢東は、これまでの袁文才の「革命行動」を賞讃し、「ぜひいっしょに革命闘争をやりたい」と強引に居坐ってしまった。

これが一九二七年十月のことで、翌年になると、南昌暴動の敗残兵が朱徳につれられてやってくる、さらには湖南省の平江《へいこう》という所で叛乱をおこして負けた彭徳懐《ほうとくかい》の部隊が逃げこんでくるで、井岡山はすっかり共産党に乗っとられてしまった。袁文才と王佐は寝こみを襲われて殺された。

いったいこのころというのは共産党の落ち目の時期で、あちこちでおこした暴動がみな失敗して、毛沢東にかぎらず、山中などに逃げこんで山賊と連合することが多かった。中国共産党は一九二八年の七月にモスクワで第六回の大会を開いて（もう国内では開けなくなっていたのだ）、この山賊処置の問題を討議した結果、頭目は殺し部下は吸収する、という方針を採択して通達している。この決議が実行されたのである。

ただし井岡山の袁文才らの件については、最近の中国では反省が出ているようで（六十年もたってから反省したってておそいけれども）、せっかく革命の隊列に加わった袁文才らを、党大会の決議を機械的に適用して殺したのは気の毒であった、として、実際に手を下した潘心源とか朱昌偕とかいう幹部が名ざしで批判されている。

それにしてもこの毛沢東のやり口は『水滸伝』の英雄好漢たちが梁山泊を乗っとった経緯によく似ている。『水滸伝』では、梁山泊はもともと王倫というケチな盗賊が支配していた。そこへ官兵に追われた林冲や呉用などのグループが逃げこんで仲間入りを申し出た。王倫は、どうも相手のほうが格が上らしいのでおそれをなして、お金をさしあげるからもっと大きな山寨をおさがし下さい、とことわったのだが、林冲らは強引に居坐り、王倫を殺して、その部下と根拠地とをそっくりちょうだいするのである。

革命後の中国では、「井岡山の道」こそ中国革命の正しい道であった、として、井岡山は革命の聖地になり、中国革命の出発点としてあつかわれている。真の中国革命は、一九二七年の井岡山の闘争に始まるのだ、と言う。

それはたしかにその通りである。中国革命というのは、山間僻地に根拠地を作り、そこで軍事力を養い、勢力範囲をジワジワとひろげて、やがて都市を攻略し、最後に全国を征覇するという方式で成功したのだから。

しかし毛沢東が井岡山の道を歩み始めた時、それがマルクスの考えた革命とはまるっきりちがうものになってしまったのもたしかである。

マルクスの考えた革命というのは、資本主義が高度に発達した国で、大きな企業がたくさんでき、そこで働く大量の産業労働者が生れ、それが組織されて、資本家の権力を倒してみずからの権力を打ち立てる、というものである。革命が行われるのはもちろん、大企業・大工場の集まる大都市である。

これと毛沢東の革命とは、どこからどこまで全部反対である。

しかし中国で革命をやろうという以上、毛沢東の道は正しかったのだ。革命に成功した、ということ自体が、その道の正しさを反駁の餘地なく証明している。

第一に、資本主義が高度に発達するの、大量の産業労働者が生れるのと言っていたら、毛沢東が死ぬまで待っていたってそんな条件ができる気づかいはない。

第二に、そんな条件が成熟したら、かえって革命など決しておこらぬことは、アメリカや西ヨーロッパを見ればわかる。

つまりマルクスの考えた革命が中国でおこることは、二百パーセントの確率であり得ないのである。

だから毛沢東が、中国では中国独自の革命をやらねばならぬと考えたのはまったく正しい。

毛沢東の「井岡山の道」は、マルクスの考えた革命とは少しも似ていないが、そのかわり、中国の歴史上の盗賊たちの道にそっくりそのままである。それを中国では「マルクス主義の原理を中国の条件に創造的に適用した」というのだが、実はマルクス主義とは何の関係もありはしない。それはそのはずだ。マルクス主義では中国の革命は二百パーセント不可能なのだから――。そして創造的でも何でもない。毛沢東自身が言うように「陳勝呉広から太平天国まで大小数百回の農民革命戦争」がやってきたことをまたやろうというのだから――。

もう一度王希哲の言うところを思い出してほしい。

朱元璋が成功した。李自成が成功した。洪秀全ももうちょっとで成功するところだった。井岡山の道といったって何も大した創造ではない。大小五井の山並のむこうに、われわれは梁山泊水寨の影を認めることができるはずだ。毛沢東という中国書生があれら教条主義者どもよりかしこかったのは、ペテルブルグ蜂起の道よりも梁山泊聚義の道のほうをよくおぼえていたところにあるのである。

こうして毛沢東は、一九二七年秋、井岡山にたてこもって、盗賊から帝王への道を歩き出したのだった。

## 流寇主義はいけない

井岡山以後、共産党の軍隊の主力は朱徳と毛沢東に指揮され、「朱毛軍」と呼ばれるようになる。

朱徳という男は、年は毛沢東より七つ上で、軍学校を卒業し、ドイツおよびソ連に留学して軍事を学んだプロの軍人である。

この二人の関係は、かならずしもシックリ行かなかった。それは、毛沢東は独断専権タイプ、朱徳は温厚謙遜タイプという性格のちがいもあったが、それよりも戦争のやりかたがちがっていたからだ。

毛沢東は、自分を中心に輪を描くようなやりかた、朱徳は目標へ直線的にむかうやりかただったという。何だかその人柄と正反対のようだが、多分朱徳のほうが近代的な戦争のやりかたなのだろう。

毛沢東の考えかたは、中国の過去の教訓から得たものである。

朱元璋は南京を中心に勢力範囲をひろげてゆく方法で成功している。

李自成は流賊(流寇)であって、一つの都市を取ってもすぐそれを放棄して、全力をあげて次のもっと大きい都市へむかうという方式である。これは強い時にはめっぽう強かったが、いったん負け出すともろかった。

それにかんがみて毛沢東は、根拠地——たとえ敗北を喫してもそこへもどればまた態勢を立て直すことができるような強固な根拠地の建設を重んじたのである。

毛沢東は一九二九年におこなった演説で、朱徳のようなやりかたを「流寇主義」と批判して、「紅軍の中に流寇主義が発生した。これは困難な根拠地建設を嫌い、流動遊撃の方法で影響拡大をはかろうとするもので、紅軍の任務の執行を妨げる。黄巣や李自成のような流寇主義は許されないことを知らねばならぬ」と述べている。

毛沢東は、一九二八年の末に井岡山を出て江西省の南部、福建との省境地帯に進出し、ここに井岡山よりずっと大きな根拠地を作った。そして一九三一年にはここに、瑞金《ずいきん》という町を首都とする「中華ソヴェト共和国」という国を建て、自分がその「主席」になった。

「ソヴェト」というのは「会議」という意味のロシア語で、労働者・農民・兵士の代表から成る会議が「専政」（独裁）する国ということだが、早く言えば共産党が統治する国である。

これは、昔の大盗賊がまず一地域を確保して国を建てたのに似ているが、ちがう所もある。

というのは、この中華ソヴェト共和国も、紅軍（このころは共産党の軍隊を紅軍といった）も、共産党のものである。その共産党の指導機関である中央委員会は上海にあって、ソ連帰りの青年たちが支配している。

たとえていえば、毛沢東は出先の工場の工場長みたいなものである。工場ではボスだが、東京に本社があって、その本社の社長や重役たちの指図には従わねばならない、という立場である。

しかしもちろんそれに甘んじている毛沢東ではない。この後数年、毛沢東は、それら上役たちを一人づつ引きずりおろしては、自分の従順な取り巻きになるか、それとも窓際族になるかを迫ってゆく。

この中央委員会は、逮捕されたり殺されたり寝返ったりする者があいついだので、一九三三年に中華ソヴェトへ移ってきたが、本社の重役連に初めて会った毛沢東は、みんな若造なのに驚いたという。ナンバーワンの博古《はくこ》（本名秦邦憲）が二十七歳、ナンバーツーの洛甫《らくほ》（本名張聞天）が三十四歳、ナンバースリーの王稼祥《おうかしよう》が二十八歳、いずれもモスクワの大学を出た秀才たちである。一番ロートルの周恩来でも三十六歳だった。対して毛沢東は四十一歳、朱徳は四十八歳になっていた。こういう連中の指図を受けるのは、毛沢東でなくてもおもしろくなかったろう。ただし周恩来は、いつでも強い者に尻尾を振ってうまく立ちまわる男だから、モスクワ帰りの若造たちにヘイコラしていたという。

## 長征

さて蔣介石としては、自分の国の中に、山間僻地とはいえもう一つ公然と国を作られてだまって見ているわけにはゆかない。五度にわたって中華ソヴェトに対して包囲攻撃をかけた。共産党は、四度まではね返したが、一九三四年の第五回攻撃を受けて、党中央と八万の兵が西へむかって逃げ出した。これが「長征」である。

長征というと、はじめから計画と目標を持った行軍であったかのように書いてある本もあるが、そうではない。李自成が西安を捨てて南へ逃げ出したように、あてどなく逃走の旅に出たのである。

李自成は南へ逃げたが紅軍は西の人煙まれな地域へむかって逃げた。人煙まれな地域は、自然条件はきびしいし、食いものもとぼしいが、それだけに敵の大部隊もいないから、そっちへ逃げたのである。

ただし根拠地好きの毛沢東は中華ソヴェトを放棄して逃げるのには反対だったが、中央委員会が移ってきてからは、地位をはずされてそれこそ窓際族になっていたので、根拠地撤退を決めた会議には出ていなかった。

逃避行が始まってまもなく、一九三五年の初めに貴州の遵義《じゅんぎ》という所で会議があり、ここで毛沢東は、こういうみじめなことになったのはトップの軍事指導がまちがっていたからだと、総書記の博古を引きずりおろした。周恩来は形勢を見てとって毛沢東のほうに乗りかえた。毛沢東が博古に勝てたのは、周恩来が大事な時に毛沢東に寝返ったからだと現在の中国では評価されている（もちろん寝返ったとは言わず「毛沢東の正しい路線を支持した」と言う）。

周恩来はこの時まで党中央軍事委員会の主任で、毛沢東の直接の上司だったのだが、この時から忠実な取り巻きになって、以後四十年、死ぬまで重用されることになる。なお、文化大革命の際にも、決定的瞬間に毛沢東を支持して劉少奇を死地におとしいれたのはよく知られるところだ。「不倒翁」（おきあがりこぼし）と言われるゆえんである。

今日の中国では「偉大な遵義会議」と称して、この時から毛沢東が党と軍の指導権を一手に握ったと言っているが、それはかならずしもそうではない。

というのは、共産党の最高クラスの幹部が全部「長征」に加わっていたのではなく、王明というのがモスクワにいるし、張国燾《ちょうこくとう》というのが四川省のほうで自分の根拠地を持っているし、それに何といっても中国共産党は国際共産党（コミンテルン）の支部であって、本部のモスクワに大親分のスターリンがいる。中国共産党が完全に毛沢東のものになるのは、王明を倒し、張国燾を倒し、国際共産党が解散する一九四三年、——まだ十年も先のことである。

「長征」に参加した紅軍というのは、全部が初めからしまいまで行動を共にしたのではなく、別のコースへわかれて行くのもあるし、ほかの根拠地から出発したのが途中から合流してくるのもあるし、なかなか複雑なのであるが、毛沢東の主力についていえば、中国の西の端をぐるりと大まわりして、一年後の一九三五年末に、西北の陝西《せんせい》省の根拠地にたどりつき、その後延安を中心とする「解放区」を作った。

毛沢東にとって「長征」の旅は、もちろんたいへん苦しい旅だったが、一面来る日も来る日も馬に乗ってトボトボと進むという退屈な旅でもあった。毛沢東が生涯に作った「詩」や「詞」の大部分はこの時に作られている。特に、厳格な規則にしたがってクロスワードパズルのように一つ一つの字を埋めてゆく「詞」は、ひまつぶしにはもってこいだったらしい。昔から詩がよくできるのは「馬上」と「枕上《ちんじょう》」(寝床)と「厠上《しじょう》」(便所)の「三上」だというが、毛沢東はそれを実践したわけである。

「長征」に参加した女性はほんの三十人ほどであったというが、その一人が毛沢東の妻の賀子珍であった(「賀子貞」とも書く。中国語では珍《チエン》と貞《チエン》は同音)。

毛沢東の妻は何人もいるが、賀子珍は形式的には三人め、実質的には二人めの妻である。形式的には、毛沢東は十五歳の時に十九歳の女性と結婚しているが、これは実質を伴っていない。こういうケースは、魯迅、郭沫若など当時の人にはよくある。実質的には楊開慧《ようかいけい》という八つ年下の女性が毛沢東の最初の妻である。

この人は、湖南師範での毛沢東の恩師の娘で、三人の男の子を生み、一九三〇年、三十歳の時に国民党に逮捕されて、処刑された。長男の毛岸英は一九五〇年、二十九歳の時に朝鮮で戦死している。この人はなかなか出来がよくて毛沢東も将来を期待していた。朝鮮戦争に行かせたのは、修業の意味もあり、主席みずからむすこを前線へ送ったという格好をつける必要もあったのだろうが（朝鮮へ行った中共軍は一応「志願軍」ということになっているから）、戦死したと聞いて、なぜそんな危い戦場へ出したのかと激怒したということだ。次男の岸青は身心ともに虚弱だと言われる。三男の岸龍のことはわからない。

実質二人めの賀子珍は井岡山の近くの永新という町の豊かな商家の娘で、一九二七年に毛沢東と結婚した時には十九歳の学生だった。愛くるしい、活潑な娘だったそうである。当時の新思想に共鳴して共産党に入り活動していたので、毛沢東が秋収暴動に失敗して逃げてきたのを友人たちといっしょに支援に行って意気投合し、知り合って三日目くらいにもう結婚したという。

この人のことは、江青夫人が勢威をふるっていた時期には伏せられた形だったが、江青が失脚すると、シーソーの片方がさがって片方があがるようにクローズアップされ、いろいろ紹介されるようになった。もっともなかには、「ほんまかいな」というような話もある。

たとえば、ある時毛沢東と朱徳が敵にかこまれて進退きわまった時、賀子珍がたった一人、馬にまたがり二丁拳銃を手に現われて二人を救った、などという話である。

この賀子珍が、井岡山から中華ソヴェト、「長征」を経て延安初期まで毛沢東といっしょにいて、六人の子供を生んだ。戦争につぐ戦争の時期なのでつれて歩くことができず、行く先々で撫養費《ぶよう》をつけて人にあずけたそうである。十数年後、共産党が天下をとってからさがしたが、一人も見つからなかったという。無事育ったのは延安についてから生れた女の子が一人だけである。

一九三七年に上海の女優江青が延安へ来て毛沢東の心を奪ったので、賀子珍はソ連へ送られ、その後精神病院に入れられた。十年後、ソ連へ行った王稼祥が「救出」してつれもどったが、江青がうるさくて毛沢東には近づけず、一九八四年に七十六歳で死んだ。なお女の子は母親といっしょにソ連へ行って精神病院で育ち、帰国後は江青の娘になった。李敏という(江青の本姓は李)。

## 日本軍が応援した?

毛沢東の物語は八十年分もあって、どの時期をとっても波瀾に満ちており、この調子で書いていたらきりがない。あとは簡単にすませることにしよう。

日本が中国の東北、いわゆる関外の地を完全に我がものとして「満洲帝国」を建てたのは、一九三〇年代の初め、中国共産党が中華ソヴェト共和国を建てた時期にあたる。

中国は、古い、独特の国であるから、国土とか領域とかに関する観念も近代国家とはだいぶちがう所がある。ハッキリした国境があって、その内側はすべて同質に「我が国」というふうにはなってない。昔から、中央部はまちがいなく正真正銘の中国で、周辺部へ行くにしたがって少しづつ色が薄くなり、おしまいは漠然としてきて、朝鮮、モンゴル、新疆、チベット、ヴェトナムあたりになると、勢力範囲のようでもあり外国のようでもあり、はっきりしないという感じであった。

関外の地というのは中央部にくらべるとやや色が薄い所で、そこを日本に取られても中央部の一般の人たちにとっては遠い所の話のような感覚だが、山海関を越えて入ってくるとなると、これは由々しき一大事なのである。

といっても、国民党政府にとっては、東北も神聖な領土であるから、日本に取られて平然としていたわけではない。ただ、獅子身中の虫である共産党のほうが焦眉の急だから、まずこれをかたづけてから日本に当たろうという方針であった。

一九三〇年代の後半、日本がいよいよ中央部へ侵入してくるという形勢になって、国民党と共産党は仲直りし、共同して日本に抵抗することになるのだが、それは「一大事だ」という世論をバックに共産党が国民党に強要したのである。国民党としても、事ここに至っても国内の争いを優先していたのでは国民に見離されてしまうから、これに応じたのであった。

共産党としては、最終目標は自分が中国を取ることにあるわけだから、せいぜい日本と国民党に戦争してもらって、両方疲弊してもらおうとする。

国民党も共産党のその魂胆はわかっているから、その手には乗るまいとする。

ただし双方とも国民に対しては、日本と精一杯戦っているというポーズは示さねばならない。

戦争が終ったあとは、国民党も共産党も「日本とまじめに戦ったのはこちらだけで、あちらはひたすら戦力の温存につとめていた」と主張し合ったが、つまりはどちらもあとのことを考えて力の出し惜しみをしたのである。そして、結果として、毛沢東のほうがうまく立ちまわったこともたしかである。

一九七〇年代になって、毛沢東は中国を訪れた自民党の領袖に「われわれが勝てたのは皇軍が応援に来てくれたおかげだ」と語った。これはもちろん毛沢東一流の諧謔だが、諧謔のなかに本音が含まれていることは否めない。——なお「皇軍」とは、天皇の軍隊、つまり日本軍です。念のため。

張国燾といえば、共産党内で一貫して毛沢東のライバルで、一九三八年にいたって党を逐われ国民党に走った男だが、この人が「七割の力を党の勢力の拡大に、二割を国民党との対抗に、一割を日本との戦いに」というのが毛沢東の方針だったと語っている。国民党に寝返ってからの発言だからその数字には誇張があるかもしれないが、全力をあげて日本と戦ったのでないことはまちがいない。

一九四五年に日本が無条件降伏して中国から退くと、再び国民党と共産党との争いになったが、八年前とは様相がちがい、共産党は十分国民党に対抗できる力をたくわえていた。

アメリカが国民党に肩入れし、スターリンも国民党政権を存続させてこれに共産党を参画させる形を考えていたようだが、両党の協議はうまくゆかず、全面戦争の結果共産党が勝って、一九四九年に中華人民共和国ができた。

## 知識人狩り

もし、第二次世界大戦後の中国に、どうしようもない無能軟弱の政府ができて、国中の人々がてんでばらばらに勝手なことをしていたとしたら、中国はすくなくとも現在よりはよほどましな状態になっていたにちがいない。世界の、決して有能強力な政府に指導されたとはいえない多くの国々のここ数十年を見ればわかる。中国の戦争直後のころと現在とをくらべて、すこしはよくなっているのは共産党のおかげだという人があるが、あのころとくらべればどこの国だってすこしはましになっているにきまっている。中国ではむしろ、共産党が回復のジャマをしてきた。

王希哲も言っているように、建国後の毛沢東には、積極的な功績は何一つない。反対に、ブチコワシはいっぱいやった。その最たるものが一九五七年の「反右派闘争」、五八年からの「大躍進・人民公社」、六六年からの「プロレタリア文化大革命」である。

「反右派闘争」というのは、知識人の粛清である。粛清といっても殺したのではなく、強制収容所送り、農民に格下げ、等いろいろであるが、要するにその能力を発揮する場と機会を奪ったのだ。やられたのは三十万ともいい、七十万くらいとも言い、百数十万ともいう。

毛沢東は、自分が知識人であるにもかかわらず、あるいは自分が知識人であったから、知識人が嫌いだった。ものを考える人間は自分一人いればたくさんで、あとは自分の言う通り従順に働けばよい、という考えだったようである。

たしかに中国の知識人というのは昔から、わがままで、気位が高くて、口数が多く、すなおでない、まことにあつかいにくい連中である。しかし国を運営してゆくにはやはりこの連中にたよるほかないので、歴代の支配者はみな腹の虫をおさえて知識人を使ってきた。また、おだてて使いさえすれば、盗賊王朝にでも夷狄の王朝にでも忠誠をつくすのが中国の知識人である。

毛沢東の知識人狩りは「反右派闘争」が初めてではなくて、一九四二年、延安にいたころに一度やっている。「整風運動」というのがそれである。

日本との戦争が始まると、純真で善良な若い知識人たちは、延安を中心とする共産党の支配地区、いわゆる「解放区」のことを、まるで人類の理想が実現されたユートピアみたいに思って、ぞくぞくと「解放区」に集まってきた。

ところが実際に来てみると、党幹部を頂点とする階級制がガッチリできていて、幹部はうまいものを食い、一般党員はなげやりになって抗日救国の志なんかこれっぱかしもなく、一般民衆は急に大勢やってきた共産党に食いものを取られてまるで生気がない。こんなはずじゃなかったとあちこちでかたまってはブツクサと言い始めたのを、甘ったれるんじゃない、と締めあげたのが「整風運動」である。二万人くらいが殺されたり自殺したりしたという。見せしめになってつるしあげられたのが、疑問を文章に書いて発表した若い文学者たちだった。

この運動の指針になったのが毛沢東の『延安の文芸座談会での講話』、略して『文芸講話』という演説で、いっさい文句を言わずひたすら共産党をほめたたえよ、というものだが、一時日本で、これが人類の文学芸術の新しい方向を指し示すもののように持てはやされたことがある。

あとから見ると、この「整風運動」が豫行演習で、十五年後の「反右派闘争」が本番、という形になっている。こんどは全中国が範囲で、ちょっとでも共産党のやることに文句のありそうな知識人を片端から槍玉にあげてつるしあげたのだった。

しかしながら、中国という国は、人間はたくさんいるけれども、国の「元気」(根元的な精気、活力)をになっているのは知識人である。その知識人の「元気」を奪い、離反させたことで、中華人民共和国自体の「元気」がなくなってしまい、あとは恐怖と惰性とでやってゆくよりほかなくなった。中華人民共和国はここで下り坂に転じたわけで、その意味では、死んだ人は多くないけれども、国家の活力に与えた影響は、この反右派闘争が一番大きい。

「大躍進」と「人民公社」はセットで行われた。

「大躍進」というのは、数億の人間を、体力の限界まで、あるいは限界を越えてムチャクチャに働かせることで、国の経済力を一挙にひっぱりあげようとしたものである。製鉄(といっても近代的な製鉄所は少いから昔からの製鉄法でやった)と、ダム建設などの水利工事が主要な項目で、一日に十日分働いたら一年で十年分の経済成長がはたせる、というような計算だった。実際にはあまり急いだために、作った鉄もダムもたいていは使いものにならず、山を崩したり、燃料として木を切ったりしたマイナスのほうがはるかに大きかった。

「人民公社」は、太平天国の「天朝田畝制度」と同じで、天下の田地をすべて公有（党有）とし、収穫はすべての人に平等に分け与える、という共産主義である。いっさい不平等があってはならぬ、と各家庭のカマドを叩きこわして、村ごとに食堂を作り、全員同じものを食べるようにしたりした。しかし農民は土地をとりあげられていわば共産党の農奴になったわけだから、概して真剣に働かなくなり、効率が低下した。二十年つづいた人民公社の期間は、数億の農民が組織も連絡もないのによく一致してサボタージュを維持した期間だと言われる。

「大躍進・人民公社」は、毛沢東が提起し強行した唯一の建設的な、当人の主観では卓抜な、政策だった。しかしこれは無論徹底的に失敗した。三年間で数千万の人々が餓死した。もっとも共産党は「餓死」と言うことを許さず、「非正常死亡」と称したが、同じことである。わが国ではいまだに「共産党はとにもかくにも数億の民に衣食を与えることに成功した」などという人があるが、とんでもない無知である。

「大躍進」は三年で撤回された。しかし「人民公社」は、食堂の廃止など多少の手直しを加えながら二十年つづいた。

「文化大革命」は、十年つづいて、毛沢東が死んだのでやっととまった大騒ぎであるが、何をどうしようとして始めたのか、もう一つよくわからない。「反右派闘争」や「大躍進・人民公社」のような明確な意図が見えない。劉少奇を追い落すのが目的だったと言われ、たしかにそれはあるのだろうが、それだけにしては騒ぎが大きすぎる。毛沢東はいろいろムシャクシャしていたのだろう。

## おなじみ後継問題

過去のすべての建国皇帝と同じように、自分のあとをどうするか、という問題は、特に晩年の毛沢東にとっての最大の問題だった。

もともとは長子の毛岸英にあとをつがせるつもりだったようだが、これが一九五〇年に朝鮮で死んでしまった。ほかにはあとをつげるような息子はいない。

結局毛沢東は、一九六九年、長年の忠実な部下であった林彪にゆずることにきめ、共産党の全国大会を開いて党章（党の憲法にあたるもの）を改訂し、その総綱で「林彪が後継者である」と定めた。かつての王朝の「立太子の礼」にあたる。

ところが二年後、「林彪事件」がおこって林彪は死んだ。

この「林彪事件」は、いまだに不明の点が多い。

中国共産党の公式の説明では、林彪は毛沢東を殺そうとして失敗したので、飛行機でソ連へ逃げようとし、途中モンゴルで墜落して死んだ、ということになっている。

これには、林彪は飛行機に乗った時すでに死体だったとか、飛行機に乗ったのは同じような頭の禿げぐあいの替え玉だとか、周恩来が戦闘機を出して撃墜したのだとか、いろいろ異説があるが、外国で出ている最も有力な疑問は、「なぜ林彪が毛沢東を殺そうとするのか」ということである。「おとなしく待っていれば確実に帝位につける者が、そんな危い橋を渡るはずがないではないか」と言うわけだ。

まことにもっともである。

しかし中国の歴史を見ると、皇太子というものは、おとなしく待っていれば確実に帝位につけるというほど安泰なものではない。皇太子がきまるまではだれもが息をつめておとなしくしているが、きまったとたんに、それに取り入って将来の高位を狙おうとする者、足を引っぱってとってかわろうとする者、そっちのほうに取り入ってけしかける者など、急に動きがあわただしくなる。皇帝の耳にもいろんな雑音が入ってくる。清の康熙《こうき》帝といえば史上何本かの指に入る名君だが、この件では、皇太子を立てて廃してまた立ててまた廃して、結局は皇太子を立てることを断念してしまった。以後清朝の皇帝は悶着を恐れてだれも皇太子を立てなかった。もっと古いことを言えば、漢の武帝などは自分が立てた皇太子を自分で殺している。原因は皇太子と宰相との不和である。

だから、もし林彪が、毛沢東の気が変らないうちに死んでもらおう、と考えたとしても、そう不思議ではない。

「林彪事件」の真相はわからないが、宰相（国務院総理）の周恩来が決定的な役割をはたしたであろうことは推測できる。これには国際関係もかかわっている。周恩来がアメリカ（具体的にはニクソンおよびキッシンジャー）と手を結ぼうとし、林彪がこれを阻もうとし、毛沢東が周恩来のほうに傾いたので、危機感をいだいた林彪がクーデターを企て、周恩来が機先を制して林彪を殺した、というのが一番ありそうなシナリオである。ニクソンの密命を受けたキッシンジャーがひそかに北京へ行って周恩来と会ったのが一九七一年の七月初め、林彪が殺されたのが九月中旬、ニクソンが中国を訪れて大歓迎を受けるのが翌年二月である。

## 「既定方針通りにやれ」

林彪にそむかれてこりた毛沢東は、結局一番信頼できる妻の江青にあとをゆずることにした。林彪事件のショックがおさまったあと、中国の新聞や雑誌に、唐の武則天の人物と業績をたたえる論文が大量にあらわれはじめた。武則天（日本では「則天武后」ということが多い）は中国の歴史上ただ一人の女性の皇帝である。あわせて、皇位にはつかなかったが事実上皇権を行使した漢の呂《りょ》太后（高祖の妻）と清の慈禧《じき》太后（咸豊《かんぽう》帝の妻、わが国では「西太后」という）を賞讃する論文も多くあらわれた。日本ではこれを純粋な学術問題と受けとった人もいたが、中国の人たちにとっては、江青が皇位を継ぐための輿論工作であること、一目瞭然であった。

江青とそのブレーンは「批林批孔」運動を発動した。林彪と孔子を批判する、ということだが、すでに死んだ林彪はつけたしで、狙いは「孔子」である。といってももちろん、二千五百年も前に死んだ孔子ではなく、「宰相孔子」と表現されたように周恩来である。周恩来はおそらく、事実上の帝制は毛沢東一代で終りにして、あとは鄧小平を首班とする「共和制」を構想していたものと思われる。

結局、一九七六年一月、先に周恩来が死んだ。毛沢東と江青は、四月の「天安門事件」を口実に鄧小平を打倒した。鄧小平は広東の軍閥許世友に庇護を求めて生きのびた。

毛沢東は、周恩来のあとがまに華国鋒をすえた。この華国鋒には、宰相になってから毛沢東が死ぬまでのあいだのいずれかの時点で、毛沢東から「君がやってくれれば私は安心だ」というお墨付きが渡されている。江青を後継にするという相当困難が予想される仕事を、毛沢東は篤実な華国鋒に托したらしい。

同年九月、毛沢東が死んだ。遺言は「既定方針通りやれ」である。

しかし実際のところ、毛沢東が死んでみると、江青一派は弱体だった。

毛沢東が死んだ時点で見ると、共産党の勢力は毛夫妻を中心に三重の輪になっている。一番内側が、側近グループ、あるいは内廷派であって、豊臣秀吉が死んだあとの石田三成等の茶坊主グループにあたる。張春橋、王洪文、姚文元、毛遠新の四人がその主力である。

中間の輪が毛沢東に忠誠な党官僚（そのトップが華国鋒）および軍人である。

一番外側の輪が毛沢東によって打倒され失脚した官僚たちで、打倒されたとはいえその勢力は鬱然たるものがあり、最大物である鄧小平の威信は華国鋒をはるかに上まわる。

「既定方針通りにやる」つまり江青後継策を推進しようとしたのは内廷派である。打倒された官僚たちは、賛成であるはずはないが、まだ力を結集したり意見を発表したりする情況にはない。問題は中間の輪の官僚・軍人グループの態度だが、その最有力者である李先念、葉剣英らは否定に傾いた。これには、鄧小平ら失脚組の意向、ないしあと押しが相当働いたものと思われる。華国鋒もそっちに乗るほかないと判断した。

だからその時点で女皇実現の目はなくなったのだが、それにしても、内廷グループと官僚グループの連立政権くらいにおちつくと思われたのが、急転直下江青と内廷グループの逮捕ということになったのは、汪東興《おうとうこう》の寝返りによる。

汪東興は、数十年来毛沢東の忠実な警護員で、建国後は、約二万人の毛沢東親衛隊（八三四一部隊という番号で呼ばれる）の指揮官であった。

この部隊は、親衛隊といっても戦車や大砲も装備する本格的な軍隊で、兵士は、屈強、誠実な農村の青年が厳選されていた。休暇の際は故郷へもどり、地方の実情を直接毛沢東に報告するお庭番的役割を帯びていたと言われる。昔の盗賊の養子部隊にあたる。

この部隊を握る汪東興は、本来内廷グループに属するのだが、大勢の赴く所を見て華国鋒側に寝返り、江青以下を急襲して逮捕したのである。江青らにとっては、思いもよらないところであった。

クーデター成功のあと汪東興は、功によって、葉剣英、鄧小平、李先念と並んで共産党中央委員会副主席に栄進した。

華国鋒は、「既定方針通りにやれ」は江青の偽造であり、「君がやってくれれば私は安心だ」は自分に党主席の地位をゆずるという意味だと強弁した。そして毛沢東の権力と権威とをそのまま引きつごうとはかり、毛沢東が「偉大な領袖」と呼ばれたのにならって自分を「英明な領袖」と呼ばせ、毛沢東同様、国中のいたる所に自分の肖像をかかげさせた。

しかしやがて鄧小平ら失脚組にひきずりおろされ、華国鋒の天下は、一九七七、一九七八年の二年で終った。一九七九年からは、鄧小平の時代——今日につながる「改革開放」

の時代がはじまる。

## 「帝国」の素地

国民党と共産党とは、長いこと、自分のほうこそ「革命」で相手は「反動」だと言い合ってきた。中国人の言う「反動」は「悪党」というほどの意味にすぎないが、ほんとうの意味でどっちが反動かといえば、それは共産党のほうである。共和国のほうへぼつぼつ歩みはじめていた中国を「帝国」に逆戻りさせてしまったのだから。

わたしはかねがね共産党の中国のことを「アトモドリ帝国」と言っている。「帝国」と言うのは、一切の権力を一手に集めた独裁君主が統治している、というだけではない。

まず第一に、国民の自由がまるっきり剝奪された。自由といったって、言論の自由とか出版の自由とかいう高次元の話じゃない。いやそういう高級な自由がないことはもちろんだが、もっと低次元の、この町内はイヤだから別の町内に引越したいとか、今の仕事は性分に合わないから別の仕事をしたいとかいった、「自由」というのもおこがましいほどのあたりまえのことさえできない。すべての人はいずれかの「単位」に所属し、各単位には共産党組織があって、人々の生活をガッチリおさえている。

いったい中国人は、てんでばらばらが好きな人たちである。絵の好きな者は絵に没頭し、商売人は金もうけに熱中する。豚飼いは豚をふとらせることばかり考え、天文学者は夜中に起きて空ばかり眺めている。そうすると中国人は俄然能力を発揮するのである。

日本人が中国へ行くと、よく聞かされるたとえ話がある。「十人の中国人と十人の日本人がケンカするとする。一対一では断然こっちが強い。十人が組になってのケンカなら到底おまえたちにかなわない」。それを残念がるというよりも、徒党を組むのが得意な小ざかしい日本人め、とでも言いたげな口調でそう言うのである。まったき統制の下に行動するのは、彼らは苦手だし、嫌いなのだ。

そういう意味では、中国人は天性の自由の民である。その中国人の自由を縛ってしまったことは、個々の中国人にとって不幸であるのみならず、国の力が伸びないから国全体にとっても不幸である。

そして実は、中国人がかくも完全に自由を奪われたことはかつてない。以前ある中国留学生に「今の中国はアトモドリ国家だと思う」と言ったら「アトモドリしてそのまたずっと先まで行ってますよ」と笑っていたが、その通りである。

もう一つ、マルクス主義という国家哲学を強制して、国民のものを考える能力を奪ってしまったということがある。これは漢から清にいたる王朝が儒学（あるいは儒教）を国家哲学としたのに相当するが、その程度はずっときびしい。

そもそも中国には、マルクス主義は全然合っていなかったのだ、という意見が、文化大革命の失敗以後、中国の若い人や海外の中国人からよく聞かれるようになった。

しかしはたしてそうだろうか。「全然合っていない」ものが受け入れられるということがあるだろうか。

わたしは、やはり中国自体にマルクス主義を受け入れる素地があったのだと思う。それは「経典」の必要である。

「経典」とは、時と所とをこえて、この世のありとあらゆる事物、人間が遭遇するありとあらゆる現象に、正しい解釈を与え、さらに指針を与えてくれる、永遠の真理の書である。

中国では、実に二千年以上にわたって、『易』『書』『詩』『礼』『春秋』の「五経」に代表される儒家の経典がそれであった。これらの経典は、孔子が直接手がけて整理した書(今日の研究ではそうでないものもあるが、かつての中国人はそれを疑わなかった)、孔子直系の人が作り孔子の思想を正しく伝える書(『論語』『孟子』など)、およびその注釈(『左伝』『公羊伝《くようでん》』など)より成る。いかに新しい事態や現象に出くわしても、その問題意識を持って経典を読みかえせば正しい解釈と指針が得られる、という絶対万能の書が経典である。十九世紀後半の危機の時機ににわかに「公羊学」が盛行したのなどはよい例である。

二十世紀になって「打倒孔家店」が叫ばれ儒教が権威を失うと、中国人の心に空白が正じた。その空白を埋めたのがマルクス主義である。つまり、儒教そのものは否定されたが、真理をしるした書物というよりどころをもとめる習性は、急にはなくならなかったわけである。

中華人民共和国の建国後、マルクス主義の書物は「革命経典」と呼ばれることになった。これも経典なのである。

マルクス主義が他の西洋の学問とちがうのは、一つには、全面的であること、すなわちあらゆる学問、あらゆる方面にまたがっているか、もしくは応用が利くことである。もう一つは、絶対に正しいことである。この点で、他の学問は儒教のかわりにはなれなかった。

あるいは「本来のマルクス主義はそんなものではない」という人があるかもしれない。しかしその抗弁は無力である。中国人がそのようなものとして受けとったのはたしかなのだから。

これは書物の分類のしかたを見ればわかる。

中国における書物の分類は二千年も前から始まっているが、西洋式分類とは考えかたがちがい、書物のランクづけである。より正しい、より尊い本から順に並べてゆく。伝統的分類法では、一番は「経部」であって、『易』にはじまる儒家の経典が並ぶ。現代の分類法では一番は「マルクスレーニン主義毛沢東思想」であって、マルクスの著作にはじまる革命経典が並ぶ。これらは不磨の大典であって侵すべからざるものである。

しからばかつての儒家の経典とこんにちの革命経典のあつかいは何から何まで同じなのかというと、そうではない。

儒家の経典は解釈の自由を許した。だからこそ二千何百年も前の本がその後の時代の応用に耐えたのであって、学者は時にはずいぶん無理な、あるいは無茶な受けとりようをして、しかし自分ではそれが「聖人の本意」と信じて、結果的にはある程度柔軟な思想を展開したわけである。

革命経典は一般人が任意に解釈することを許さない。解釈権を有するのは党のみである。その解釈は党の必要に応じて変り得る。しかし一般の学者が革命経典を自由に解釈する形で自己の考えを展開する餘地はない。

中国の学者の論文を読んでいると、革命経典が論断の証拠として用いられていることがしばしばある。「それが証拠にマルクスがこう言っている」という形である。これは昔の人の「聖人もかく言へり」と同じであって、習性というものは強固なものだと感じ入る。

共産党は中国人のこの習性を利用したのである。しかしまた、利用されてしまうような素地が中国人にあるのも事実なのである。中国人の行動や思考はいわばがんじがらめなのであるが、それら一切の束縛から、それどころか憲法をはじめとするすべての法律や規則からも完全に自由なのがたった一人の帝王である。

そういう体制をわたしは「帝国」と呼ぶのである。

## あとがき

この『中国の大盗賊』の元版が最初に出たのは、一九八九年（昭和が平成にかわった年）の十一月であった。

その前年であったか前々年であったか、「講談社現代新書を一冊書きませんか？」とわたしに声をかけてくださったのは、当時同社学芸図書第一出版部長だった鷲尾賢也さんである。

「中国の盗賊の歴史、それも天下を取った大盗賊の歴史というのはどうでしょう？」とおうかがいを立てたら、「いいでしょう。書いてみてください」と無事及第。「四百字づめ二百七十枚です」と分量も指定された。

本のタイトルは、わたしの初案は『中国盗賊伝』、それがダメなら第二案『中国の大盗賊』であった。鷲尾さんは、「漢字ばかりの題は一見してカタイ感じをあたえる。かながはいっているのがよい」と第二案を採用した。

当時地方大学の一教員であったわたしにとっては、思いも設けなかった晴れの舞台である。張切って、懸命に勉強して一年がかりで書きあげた。自分では極力切りつめたつもりであったが——たとえば漢の高祖のつぎは唐末の黄巣にしたかったのだが分量を考えてあきらめた——それでも、かぞえてみたら四百二十枚あった。

百五十枚ほど多すぎるけど、もうへらせるところもないし、まあ何とか通してもらえるんじゃないか、と思ったのが甘かった。「二百七十枚にしてください」、鷲尾さんにピシャリとそう言われちゃった。縮小方針の指示も受けた。

そこで、鷲尾さんの意見を全面的に取り入れ、友人たちにも大胆非情な削減を手つだってもらって、新たに二百七十枚の原稿を作りなおした。それが、一九八九年に出た『中国の大盗賊』である。

もともとの原稿と、作りなおした原稿（すなわち本になったもの）とは、分量がちがうだけでなく、性格がちがう。

もとのものは、最後の盗賊王朝中華人民共和国と、その創業皇帝毛沢東を書くのが主題であった。歴代の盗賊王朝と創業皇帝についての記述は、その前史のあつかいである。したがって分量も毛沢東部分が最も多い。

本になったものは、歴史上の盗賊皇帝の記述が主となり、毛沢東部分は、「よく見ればこれも盗賊皇帝なのですよ」という、いわばつけたし部分になった。——これが鷲尾さんの指示である。

元版が出た当時はまだまだ、社会主義の未来を信じ、したがってその先進国たる「社会主義中国」を支持する人も多かった。中国を否定的に見ることに対する反発感情も強かった。出版社としては、この本の中国共産党部分はなるべくトーンをさげ、比重も小さくしたかったのであろう。

しかし筆者としては、せっかく書いた「毛沢東」部分をまるまる廃棄してメインを附加部分に格下げせねばならなくなったのはいかにもせつなかったので、せめてそのことを「あとがき」にちょっととしるしておいたのであった。

元版『中国の大盗賊』が出て以後こんにちまで十六年ほどのあいだの、中国の変化は甚大であった。政治的には共産党の独裁（dictatorship 中国では「専政」と訳す。そのほうがまさる）を維持したまま、経済は資本制（あるいは自由市場制）に移行した。そしてそれが成功して、大繁栄している。さすがにもう「社会主義中国」を支持する人は日本にいないだろう。中国が好き、という人はいるだろうが、それは自由経済の中国が好きなのであろう。

筋から言えば、社会主義制度が破産すれば、プロレタリア独裁（事実は共産党独裁）の国家はつぶれるはずである。現にソ連は崩潰した。東欧諸国も同様である。

中国のみが例外で、執政党としての共産党と社会主義経済とが、血管でつながっていなかった。一方が死んだら必然的にもう一方も死ぬという関係になかった。社会主義の経済制度が死んでまるで正反対のものに変っても、その上の国家は平気で生きている。それどころか、共産党がリードして、経済を資本制に変えたのである。――言うまでもないことだが、共産党は、資本制を覆滅して社会主義の社会を（さらには共産主義の社会を）うちたてるために生れ、ひろがり、成長したものなのである。

してみると中国の共産党は、「共産党」と名のってはいるが、その本質は、共産党ではなかったのである。では何であったのかと言えば、権力を奪取して自分たちの王朝をうちたてようとする集団だったのだ。そして伝統的方式によってみごとにそれに成功し、国家を創建したのである。

――なお、「国家」という語が何度も出てきたから簡単に説明しておきましょう。

中国ではこの語は二千年以上前からあり今もあって、意味にさしたる変化はない。そしてそれは、今の日本人が漠然と考える「国家」とはだいぶちがう。

中国において「国家」というのは、皇帝とその統治機構を指す語である。

中国にはここ千年以上、貴族というものはいない。固定した支配階級もない。皇帝一人のみが、全権を一手に掌握する唯一至高の存在である。

もっとも、皇帝（の位にある生身の一人の男）が国家の全権を握っているというのは、名目あるいは建前であって、創業皇帝を別とすれば、ふつうには、皇帝個人が政務全般を知悉し、掌握し、直接指揮しているわけではない。事実はたいてい、宰相、大学士（王朝によって呼称はことなる）などと呼ばれる数人乃至十人内外の高官による集団指導がおこなわれている（この中央指導部を明代以降は「内閣」と言った）。これが、知識人から成る壮大かつ複雑な官僚機構を指揮する。皇帝と、宰相・大学士等のブレインと、中央・地方の官僚とから成る統治機構が「国家《クオチア》」である。また「公家《コンチア》」とも言う。これは運命共同体である。

「国家」の下に官僚予備軍の士大夫（読書人）階層があり、その下に人口の圧倒的多数を占める衆庶（一般人民）がいる。国家と衆庶との間には隔絶した距離があるが、通路は開いている。衆庶のなかの優秀な若者が科挙により上昇して国家の成員になる可能性は常にある。たとえば曾国藩のごとく。

共産党国家が昔の王朝国家とちがうのは、皇帝（党の総書記）が世襲でないことだが、事実は集団指導なのだから、これはそれほど大きなちがいではない。集団指導の中核である宰相・大学士等に相当するのは党中央委員会政治局の常務委員会である（なお中国の「総」は日本の「長」にあたる。general の訳。「書記」は secretary の訳。「政治局」は

political bureau の訳。ついでに「主席」は chairman の訳で日本の「議長」にあたるが、中国共産党中央委員会主席いわゆる「党主席」は、初代毛沢東、二代華国鋒で終り以後はおかれない）。

それよりも大きなちがいは、党と国家とが二重になっていて、「党が国家を指導する」という形（憲法のきまり）になっていることである。このために官僚機構が昔よりもいっそう複雑になっている。たとえば国務院（国家の行政機構）の外交部（日本では「外務省」と訳している）の上に党中央委員会の対外連絡部があってこれが外交部を指揮している。あるいは地方各都市の市政府（国家機構。日本の市役所に相当）の上に党委（中国共産党○○市委員会）があってこれが市政府を指揮する。

ソ連をはじめとして世界のあちこちに社会主義国があったころには、そのどこでも党が国家を指導するという形になっていたわけだが、その国家というのは西洋風の国家《ステイト》であった。ところが中国では、「国家」が昔の「国家」のなごりをひいている。すなわち国家は衆庶の上にのっかっているものであって、衆庶をも含めた国家《ステイト》ではない。

その国家の上に、これはまさしく昔の国家に相当する党が指導機関として乗って、「党と国家」という形になっているから、なかなか複雑なのである。

なお、中華人民共和国において、党と国家の路線（生存方法の根本）を市場経済の方向へと大転換する英断をくだした皇帝は鄧小平である。この転換は、初代毛沢東の素志・遺命に反する。だから言ってみれば、鄧小平は明帝国の第三代成祖永楽帝にあたる。創業皇帝の遺志にそむくことによって成功し、国家を生きながらえさせた。いまにつづきかつ繁栄する「鄧小平の中国」は、毛沢東の中国とは別の王朝である。永楽帝以後の明帝国が太祖洪武帝（朱元璋）の明帝国とは別の王朝であるように——。しかし、初代皇帝毛沢東の最大の願いが自分がうちたてた国家の安泰と存続とにあるならば（そうであるにちがいない）、三代皇帝鄧小平こそ創業皇帝の最大の忠臣である。

一九八九年に出た『中国の大盗賊』は、おかげさまでその後十五年のあいだに何度か版を重ねた。二〇〇四年現在最も新しいものが第十一刷である。

この間、本にならなかった最初の四百二十枚の原稿を読ませてほしい、という未知の読者からのお手紙を何度かちょうだいした。

そのころには、わたしはもう学校をやめて、滋賀県琵琶湖西岸の、公団住宅五階の3DK一室を借り、これを「勉強部屋」と称してそこで本を読んでくらしていた。ただし本は、大部分が岡山の家に、一部分が相生の家にあったので、三か所をしょっちゅう往来していた。『中国の大盗賊』の原稿やそのコピーは、大きなダンボール箱に入れて岡山か相生かに置いてあったのを、未知の読者からの最初の手紙が来た時に、滋賀県に運んだと記憶する。

箱のなかには、最初のものから最終のものまで何段階かの原稿やコピーがゴチャゴチャのままほうりこんであった。毛沢東の部分だけは半ペラ手書き原稿百六十枚をキチンととじたものがのこっていた。

自分としてはもうそれらを整理して当初の原稿を再建しようという元気もなかったので、未知の読者から「もとの原稿を見たい」とお話があると、「箱のままでよければ」と返事し、「それでよい」と言われれば、箱ごと送った。箱は出て行くたびに、かならずまたもどってきた。

十年ほど前、若い友人野尻昌宏君が元原稿を読んで、毛沢東の章だけでもコンピューター(?)に入れて読みたい人が読めるようにしておくのはどうだろう、と言う。高島さんは何もしなくていい、コンピューターを買う必要もない、ということなので「じゃよろしくたのむ」と承知したら、原稿を持って行って、そのつぎの時に「入れといたよ」と返してくれた。だから多分、ある程度の期間は、コンピューターにはいっていたのだろうと思う。ただし読んでくれた人があるのかどうか知らない。

今年の夏、講談社現代新書出版部長の上田哲之さんが、『中国の大盗賊』の「完全版」、つまりもともとの原稿のままの本を出しませんか、と言ってくださった。現代新書創刊四十周年を期して、表紙デザインを一新するとともに、記念のお祭りをやる。その出し物の一つとして、とのことである。もとよりお祭りの呼び物になるようなものでないことは著者当人が一番よく知っているが、装いも内容も新たにして出していただけるのはこの上もなくありがたいことだから、喜んでお願いした。

上田哲之さんとは古いつきあいである。最初は、あれはたしか平成三年ごろであったか、滋賀県の勉強部屋へおいでくださった。当時上田さんは雑誌『現代』の編集者であった。遠来の客だから御馳走しようと、ちょうど人から電気スキヤキ鍋をもらったところだったので、肉を買ってきてその上で焼いたら、煙がモウモウと出て部屋いっぱいになり、「スゲエ食いものが出来た。でもしかたがないから食いましたよ」と上田さんの話だ。

「完全版」を出してやろうとのお申し出に、この十五年、岡山、相生、大津、赤穂、姫路と、たびかさなる引越しにもどうやら処分をまぬがれ紛失をまぬがれていた例の箱を、押入れの一番奥から見つけ出し、ちょっとのぞいてみたが何がどうなっているのかわからない。これを近来とみに老人性鬱症傾向のいちじるしい著者当人がネチネチといじっていたのでは、いつ整理がつくとも知れぬ。とてもお祭りに間にあわない。そのまま上田さんに送った。

上田さんは、箱の中身を全部点検し整理して、「これがおそらくもともとの原稿に最も近いものであろう」というのを再建してくれた。ちょうど四百二十枚分になったそうである。わたしも、これがほぼ当初のものであろうと思う。その後何度も書きなおしたのが元版の『中国の大盗賊』である。部分的に見ると、書きなおす過程で叙述がていねいに、わかりやすくなっている個所がある。そういうところは元版のほうを採用した。しかしそれはそう多くはない。なるべくはもとのままとした。

第五章の毛沢東部分はそっくり元原稿のままである。つまり今回の「完全版」で、まったく新しいのはこの第五章である。


おわりに、文字通りほこりを払って旧稿に陽の目を見させてくれた講談社とその現代新書出版部長上田哲之さんとに、あつく感謝申しあげます。

あわせて、この本を手にとってくださった二十一世紀の新しいお客さまに、心よりお礼を申しあげます。

二〇〇四年十月

高島俊男

## 参考文献について

通史には、

『中国農民起義領袖小伝』一九七六年人民出版社

『中国農民革命闘争史』一九八三年求実出版社

がある。また時代別に分冊になった、

『中国農民戦争史』人民出版社

もある。

序章で引いたクロウの本は、

関浩輔訳『支那人気質』（原題 My Friends, the Chinese）昭和十五年教材社

である。孫美瑶の事件は当時著名だったと見え、魯迅も何度か言及している。

ホブズボームの説は、

斎藤三郎訳『匪賊の社会史』（原題 Bandits）一九七二年みすず書房

に見える。

薩孟武の説は『水滸伝与中国社会』から引いたもの。この本は戦前版と戦後台湾で出た

改訂版とがある。わたしが用いたのは戦前版の香港影印本だが、現在は台湾版を底本にした、

『水滸伝与中国社会』一九八七年岳麓書社

のほうが手に入りやすい。

第一章「陳勝・漢高祖」の資料は『史記』『漢書』およびその注釈・研究のみである。注釈は瀧川亀太郎『史記会注考証』、王先謙『漢書補注』が詳しくていい。研究は清朝人のもの、たとえば顧炎武『日知録』、趙翼『二十二史劄記』『陔餘叢考』などが有用だった。

第二章「明太祖」の根本資料は『元史』と『明史』である。その他資料は数多い。清初の学者銭謙益の『国初群雄事略』（中華書局から排印本が出ている）は、今では見られないものも含め多くの資料を集めてあって便利である。現代の資料集としては、

『元代農民戦争史料彙編』四冊、一九八五年中華書局

がいっそう多くの資料を網羅したすぐれた資料集である。ただしこの両書は各資料をばらばらにして首領別編年体に編集してあるので、利用には注意を要する。

現代の研究としては、

呉晗『明太祖』民国三十三年重慶勝利出版社

およびその改訂版である、

『朱元璋伝』一九六五年生活・読書・新知三聯書店

が著名であり、後者は資料の注記が詳しくて便利である。また、

孫正容『朱元璋系年要録』一九八三年浙江人民出版社

は考証を兼ねたすぐれた年譜で手離せない。

第三章「李自成」は、資料は非常に多いが、著書の形になっているものはたいてい信頼性が低いから注意を要する。本文中に引いた鄭廉『豫変紀略』(浙江古籍出版社の排印本がある)、李光壂『守汴日誌』(中州古籍出版社の排印本がある)のような、当事者・目撃者の証言は信頼性が高い。しかし従来基本資料とされてきた『明史』、計六奇『明季北略』、呉偉業『綏寇紀略』など、みな信用できない。李自成のばあいはむしろ近時の文献研究を先に読んでから資料にとりかかるほうが安全である。近時の研究のうちレヴェルが高いのは、

王興亜『李自成起義史事研究』一九八四年中州古籍出版社

方福仁『李自成史事新証』一九八五年浙江古籍出版社

欒星『李巖之謎』一九八六年中州古籍出版社

の三つ。それに『李自成殉難於湖北通山史証』(一九八七年武漢大学出版社)におさめられた、

姚雪垠『李自成的帰宿問題』

は後期李自成に関する非常にすぐれた論文である。姚雪垠は小説『李自成』の作者であり、李自成研究では何といっても第一人者。

概史に詳細な注釈をつけた形の研究書（たとえば袁良義『明末農民戦争』一九八七年中華書局など）や、考証を兼ねた年譜（たとえば柳義南『李自成紀年附考』一九八三年中華書局など）も各数種出ているが、みな資料の吟味が甘くてダメ。要は李自成研究のばあいは文献批判が最優先しなければならないということである。

第四章「洪秀全」、これは資料は無数である。主要なものはたいてい、

『中国近代史資料叢刊・太平天国』七冊、一九五二年神州国光社

に入っている。なおわたしには、

羅爾綱『李秀成自述原稿注』一九八二年中華書局

が便利であった。

概史には、

茅家琦・方之光・童光華『太平天国興亡史』一九八〇年上海人民出版社

田原『洪秀全伝』一九八二年湖北人民出版社

などがあり、割引きして読めば使える。

年譜は、

郭廷以『太平天国史事日志』二冊、一九四六年商務印書館、一九八六年上海書店影印本が非常に詳細である。

近時の研究書は数多い（王慶成『太平天国的歴史和思想』一九八五年中華書局あたりが水準を代表するものとされる）が、一様に視点が硬直していて感心できるものはない。

湘軍については王闓運『湘軍志』が基本（郭振墉『湘軍志平議』、朱徳裳『続湘軍志』とあわせ岳麓書社から排印本が出ている）。その他わたしは、

朱東安『曾国藩伝』一九八五年四川人民出版社

黎庶昌『湘軍史料叢刊・曾国藩年譜』一九八六年岳麓書社

を利用した。

第五章「毛沢東・共産党」の資料はいよいよ無数である。初期の毛沢東については、蕭三『毛沢東同志的青少年時代』（一九四九年新華書店）、エドガー・スノウ『中国の赤い星』（戦前版と戦後改訂版とあり、双方とも、筑摩書房から翻訳が出ている。宇佐美誠次郎訳が戦前版、松岡洋子訳が戦後版）が基本で、各伝記の記述はたいていこの二書によっている。

最も重要な資料は何といっても、

『毛沢東選集』全四巻、一九六六年人民出版社
本書では井岡山時期が中心になったが、これについては、
井岡山革命博物館『井岡山闘争大事介紹』一九八五年解放軍出版社
江西省檔案館『井岡山革命根拠地史料選編』一九八六年江西人民出版社
余伯流・夏道漢『井岡山革命根拠地研究』一九八七年江西人民出版社
それに韓作『毛沢東評伝』（一九八七年香港東西文化事業公司）に引く龔楚『我与紅軍』
などによった（韓作の本自体はおおむね司馬長風『毛沢東評伝』の剽窃）。
年譜は、
中共中央党史研究室『中共党史大事年表』一九八七年人民出版社
『中国近現代史大事記』一九八二年知識出版社
がよくできている。
本文中に引いたオットー・ブラウンの言は、
オットー・ブラウン、瀬戸鞏吉訳『大長征の内幕』一九七七年恒文社
に見える。また王希哲の論文はもと雑誌『七十年代』に掲載されたもので、
『王希哲論文集』一九八一年香港七十年代雑誌社
におさめられている。

講談社現代新書　1746

# 中国《ちゅうごく》の大盗賊《だいとうぞく》・完全版《かんぜんばん》

二〇〇四年一〇月二〇日第一刷発行　二〇二〇年四月一四日第一二刷発行

著者　高島俊男《たかしまとしお》　© Toshio Takashima 2004

発行者　渡瀬昌彦

発行所　株式会社講談社

東京都文京区音羽二丁目一二―二一　郵便番号一一二―八〇〇一

電話　〇三―五三九五―三五二一　編集（現代新書）

〇三―五三九五―四四一五　販売

〇三―五三九五―三六一五　業務

装幀者　中島英樹

印刷所　凸版印刷株式会社

製本所　株式会社国宝社

定価はカバーに表示してあります　Printed in Japan



落丁本・乱丁本は購入書店名を明記のうえ、小社業務あてにお送りください。送料小社負担にてお取り替えいたします。なお、この本についてのお問い合わせは、「現代新書」あてにお願いいたします。

N.D.C.222　328p　18cm
ISBN4-06-149746-4

## 「講談社現代新書」の刊行にあたって

教養は万人が身をもって養い創造すべきものであって、一部の専門家の占有物として、ただ一方的に人々の手もとに配布され伝達されうるものではありません。

しかし、不幸にしてわが国の現状では、教養の重要な養いとなるべき書物は、ほとんど講壇からの天下りや単なる解説に終始し、知識技術を真剣に希求する青少年・学生・一般民衆の根本的な疑問や興味は、けっして十分に答えられ、解きほぐされ、手引きされることがありません。万人の内奥から発した真正の教養への芽ばえが、こうして放置され、むなしく滅びさる運命にゆだねられているのです。

このことは、中・高校だけで教育をおわる人々の成長をはばんでいるだけでなく、大学に進んだり、インテリと目されたりする人々の精神力の健康さえもむしばみ、わが国の文化の実質をまことに脆弱なものにしています。単なる博識以上の根強い思索力・判断力、および確かな技術にささえられた教養を必要とする日本の将来にとって、これは真剣に憂慮されなければならない事態であるといわなければなりません。

わたしたちの「講談社現代新書」は、この事態の克服を意図して計画されたものです。これによってわたしたちは、講壇からの天下りでもなく、単なる解説書でもない、もっぱら万人の魂に生ずる初発的かつ根本的な問題をとらえ、掘り起こし、手引きし、しかも最新の知識への展望を万人に確立させる書物を、新しく世の中に送り出したいと念願しています。

わたしたちは、創業以来民衆を対象とする啓蒙の仕事に専心してきた講談社にとって、これこそもっともふさわしい課題であり、伝統ある出版社としての義務でもあると考えているのです。

一九六四年四月　野間省一

## 哲学・思想Ⅰ

66 哲学のすすめ——岩崎武雄
159 弁証法はどういう科学か 三浦つとむ
501 ニーチェとの対話——西尾幹二
871 言葉と無意識——丸山圭三郎
898 はじめての構造主義 橋爪大三郎
916 哲学入門一歩前——廣松渉
921 現代思想を読む事典 今村仁司 編
977 哲学の歴史——新田義弘
989 ミシェル・フーコー 内田隆三
1001 今こそマルクスを読み返す 廣松渉
1286 哲学の謎——野矢茂樹
1293 「時間」を哲学する——中島義道

1315 じぶん・この不思議な存在—鷲田清一
1357 新しいヘーゲル——長谷川宏
1383 カントの人間学——中島義道
1401 これがニーチェだ——永井均
1420 無限論の教室——野矢茂樹
1466 ゲーデルの哲学——高橋昌一郎
1575 動物化するポストモダン 東浩紀
1582 ロボットの心——柴田正良
1600 ハイデガー＝存在神秘の哲学——古東哲明
1635 これが現象学だ——谷徹
1638 時間は実在するか 入不二基義
1675 ウィトゲンシュタインはこう考えた 鬼界彰夫
1783 スピノザの世界——上野修

1839 読む哲学事典——田島正樹
1948 理性の限界——高橋昌一郎
1957 リアルのゆくえ——大塚英志 東浩紀
1996 今こそアーレントを読み直す——仲正昌樹
2004 はじめての言語ゲーム——橋爪大三郎
2048 知性の限界——高橋昌一郎
2050 超解読！ はじめてのヘーゲル『精神現象学』 竹田青嗣 西研
2084 はじめての政治哲学 小川仁志
2099 超解読！ はじめてのカント『純粋理性批判』 竹田青嗣
2153 感性の限界——高橋昌一郎
2169 超解読！ はじめてのフッサール『現象学の理念』——竹田青嗣
2185 死別の悲しみに向き合う——坂口幸弘
2279 マックス・ウェーバーを読む——仲正昌樹

## 哲学・思想Ⅱ


13 論語――貝塚茂樹
285 正しく考えるために 岩崎武雄
324 美について――今道友信
1007 日本の風景・西欧の景観――オギュスタン・ベルク 篠田勝英 訳
1123 はじめてのインド哲学 立川武蔵
1150 「欲望」と資本主義――佐伯啓思
1163 「孫子」を読む――浅野裕一
1247 メタファー思考――瀬戸賢一
1248 20世紀言語学入門 加賀野井秀一
1278 ラカンの精神分析――新宮一成
1358 「教養」とは何か――阿部謹也
1436 古事記と日本書紀 神野志隆光
1439 〈意識〉とは何だろうか 下條信輔
1542 自由はどこまで可能か 森村進
1544 倫理という力――前田英樹
1560 神道の逆襲――菅野覚明
1741 武士道の逆襲――菅野覚明
1749 自由とは何か――佐伯啓思
1763 ソシュールと言語学――町田健
1849 系統樹思考の世界――三中信宏
1867 現代建築に関する16章 五十嵐太郎
2009 ニッポンの思想――佐々木敦
2014 分類思考の世界――三中信宏
2093 ウェブ×ソーシャル×アメリカ 池田純一
2114 いつだって大変な時代――堀井憲一郎
2134 いまを生きるための思想キーワード――仲正昌樹
2155 独立国家のつくりかた 坂口恭平
2167 新しい左翼入門――松尾匡
2168 社会を変えるには――小熊英二
2172 私とは何か――平野啓一郎
2177 わかりあえないことから 平田オリザ
2179 アメリカを動かす思想 小川仁志
2216 まんが 哲学入門――森岡正博 寺田にゃんこふ
2254 教育の力――苫野一徳
2274 現実脱出論――坂口恭平
2290 闘うための哲学書――小川仁志 萱野稔人
2341 ハイデガー哲学入門 仲正昌樹
2437 ハイデガー『存在と時間』入門――轟孝夫

## 世界の言語・文化・地理


958 英語の歴史――中尾俊夫
987 はじめての中国語――相原茂
1025 J・S・バッハ――礒山雅
1073 はじめてのドイツ語 福本義憲
1111 ヴェネツィア――陣内秀信
1183 はじめてのスペイン語 東谷穎人
1353 はじめてのラテン語 大西英文
1396 はじめてのイタリア語 郡史郎
1446 南イタリアへ!――陣内秀信
1701 はじめての言語学 黒田龍之助
1753 中国語はおもしろい 新井一二三
1949 見えないアメリカ――渡辺将人
2081 はじめてのポルトガル語 浜岡究
2086 英語と日本語のあいだ 菅原克也
2104 国際共通語としての英語 鳥飼玖美子
2107 野生哲学――管啓次郎 小池桂一
2158 一生モノの英文法――澤井康佑
2227 アメリカ・メディア・ウォーズ――大治朋子
2228 フランス文学と愛――野崎歓
2317 ふしぎなイギリス――笠原敏彦
2353 本物の英語力――鳥飼玖美子
2354 インド人の「力」――山下博司
2411 話すための英語力 鳥飼玖美子

## 世界史Ⅰ


834 ユダヤ人――上田和夫
930 フリーメイソン――吉村正和
934 大英帝国――長島伸一
968 ローマはなぜ滅んだか 弓削達
1017 ハプスブルク家――江村洋
1019 動物裁判――池上俊一
1076 デパートを発明した夫婦 鹿島茂
1080 ユダヤ人とドイツ――大澤武男
1088 ヨーロッパ「近代」の終焉――山本雅男
1097 オスマン帝国――鈴木董
1151 ハプスブルク家の女たち 江村洋
1249 ヒトラーとユダヤ人 大澤武男
1252 ロスチャイルド家 横山三四郎
1282 戦うハプスブルク家 菊池良生
1283 イギリス王室物語――小林章夫
1321 聖書 vs.世界史――岡崎勝世
1442 メディチ家――森田義之
1470 中世シチリア王国――高山博
1486 エリザベスⅠ世――青木道彦
1572 ユダヤ人とローマ帝国 大澤武男
1587 傭兵の二千年史――菊池良生
1664 新書ヨーロッパ史 中世篇 堀越孝一 編
1673 神聖ローマ帝国――菊池良生
1687 世界史とヨーロッパ 岡崎勝世
1705 魔女とカルトのドイツ史――浜本隆志
1712 宗教改革の真実――永田諒一
2005 カペー朝――佐藤賢一
2070 イギリス近代史講義――川北稔
2096 モーツァルトを「造った」男――小宮正安
2281 ヴァロワ朝――佐藤賢一
2316 ナチスの財宝――篠田航一
2318 ヒトラーとナチ・ドイツ 石田勇治
2442 ハプスブルク帝国――岩﨑周一

## 世界史Ⅱ

959 東インド会社――浅田實
971 文化大革命――矢吹晋
1085 アラブとイスラエル 高橋和夫
1099 「民族」で読むアメリカ 野村達朗
1231 キング牧師とマルコムX 上坂昇
1306 モンゴル帝国の興亡〈上〉――杉山正明
1307 モンゴル帝国の興亡〈下〉――杉山正明
1366 新書アフリカ史――宮本正興・松田素二 編
1588 現代アラブの社会思想 池内恵
1746 中国の大盗賊・完全版――高島俊男
1761 中国文明の歴史――岡田英弘
1769 まんが パレスチナ問題 山井教雄
1811 歴史を学ぶということ 入江昭
1932 都市計画の世界史――日端康雄
1966 〈満洲〉の歴史――小林英夫
2018 古代中国の虚像と実像 落合淳思
2025 まんが 現代史――山井教雄
2053 〈中東〉の考え方――酒井啓子
2120 居酒屋の世界史――下田淳
2182 おどろきの中国 橋爪大三郎 大澤真幸 宮台真司
2189 世界史の中のパレスチナ問題 臼杵陽
2257 歴史家が見る現代世界 入江昭
2301 高層建築物の世界史 大澤昭彦
2331 続 まんが パレスチナ問題 山井教雄
2338 世界史を変えた薬 佐藤健太郎
2345 鄧小平――エズラ・F・ヴォーゲル 聞き手＝橋爪大三郎
2386 〈情報〉帝国の興亡――玉木俊明
2409 〈軍〉の中国史――澁谷由里
2410 入門 東南アジア近現代史 岩崎育夫
2445 珈琲の世界史――旦部幸博
2457 世界神話学入門――後藤明
2459 9・11後の現代史 酒井啓子